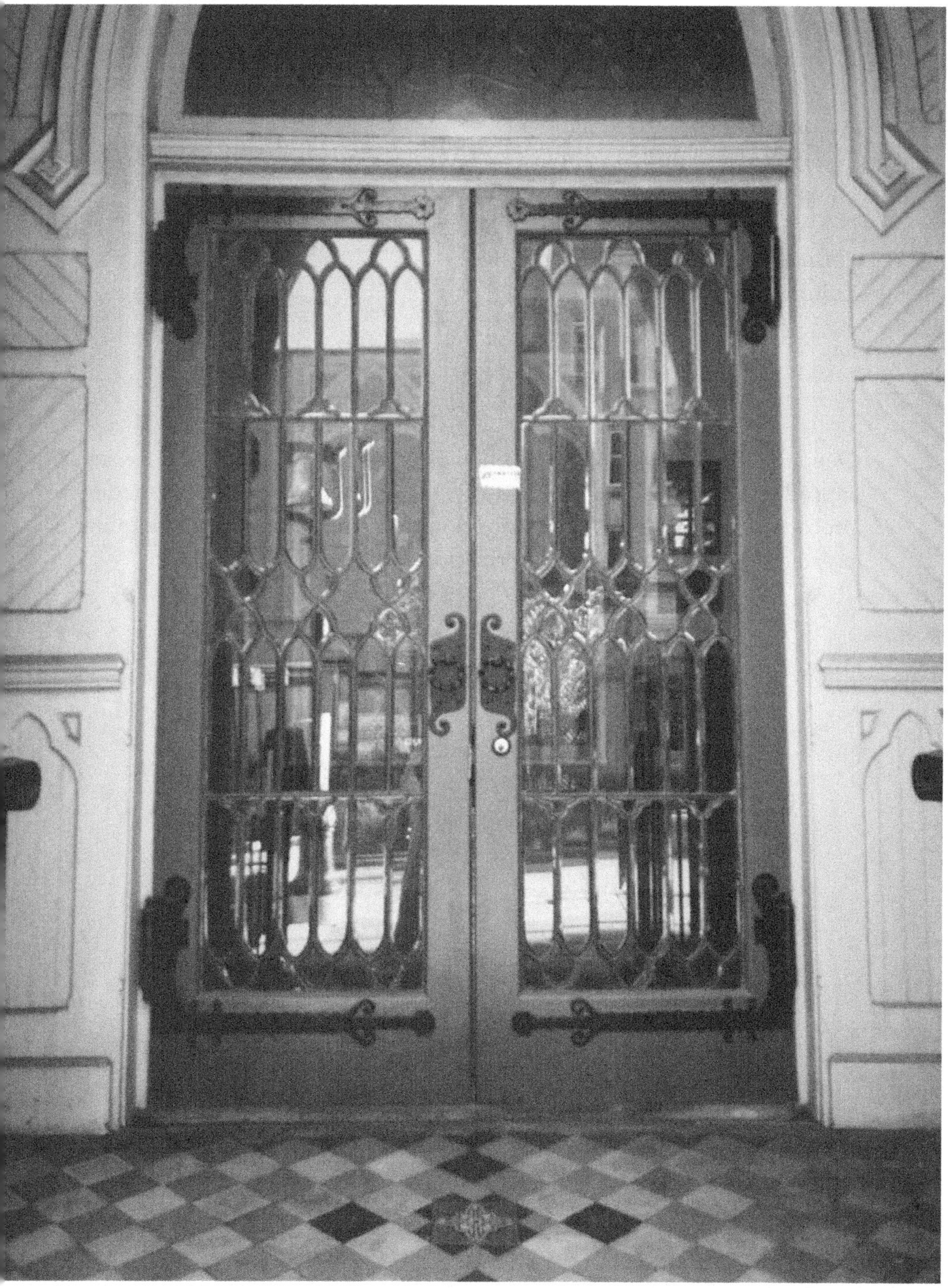

@Incertidumbre fue mi trasatlántico.
Primera edición: Octubre, 2023.

Autor: Ana Luz García Higuera.
Fotografía de la portada por Gabriel Aguilar García.
Fotografías por Ana Luz García Higuera.

Formación editorial: ©Ediciones JR
Editora: Joanna Romero
jr.edicioneditorial@gmail.com

Queda prohibido bajo las sanciones establecidas por las leyes, escanear, reproducir total o parcialmente esta obra por cualquier medio o procedimiento, así como la distribución de ejemplares mediante alquiler o préstamo público sin previa autorización.

INCERTIDUMBRE FUE MI TRASATLÁNTICO

Ana Luz García Higuera

«Casi todos los estadounidenses tienen antepasados que desafiaron los océanos —amantes de la libertad y tomadores de riesgos en busca de un ideal, las mayores migraciones voluntarias de la historia. A través del Pacífico, a través del Atlántico, vinieron desde todos los puntos de la brújula— muchos pasando por debajo de la Estatua de la Libertad— con miedo y visión, con tristeza y aventura, huyendo de la tiranía o el terror, buscando refugio y todos buscando esperanza... La inmigración no es sólo un vínculo con el pasado de América; también es un puente hacia el futuro de América».

Presidente George H. W. Bush
41 Presidente de Los Estados Unidos de América

Migración

Mariposas, colibríes,
elefantes, ballenas,
ranas y tortugas,
parte de un ecosistema son,
cada especie es importante,
imprescindible,
inexcusable,
se mueven por supervivencia;
cuando el clima es frío;
y si llueve poco en una estación;
en escasez de alimento;
o la llegada de un depredador.

Así somos los humanos,
ya que a estudiar o trabajar
nos mudamos,
también, a veces, huyendo
de la hambruna o del holocausto.
¿Podrías decir qué la mariposa
es más importante que la ballena?
Así mismo es el humano
que ciudadano del mundo es.

Cinco continentes,
para migrar tenemos;
ama, recibe y honra,
porque cada migrante
un héroe representa,
pues para avanzar
su familia, costumbres, y vida,
al caminar suele dejar.

A nuestros ancestros
sacrificio e incertidumbre
los acompañó,
porque no seríamos
quienes somos,
con solo sobrevivir.
Almas y espíritus
libres y llenos de amor,
atrevidas y valientes,
que aprendieron a vivir.

Ana Luz García.

INDICE

Capítulo 1
Noche obscura 15

Capítulo 2
J. La Heroína 33

Capítulo 3
Abuelita dulce y sabia 41

Capítulo 4
La llegada de Lady Liberty 51

Capítulo 5
El río parece más profundo cuando estás dentro del agua 59

Capítulo 6
Una flor embajadora 67

Capítulo 7
María Antonieta 73

Capítulo 8
La musa Francesca 85

Capítulo 9
Ellis Island 97

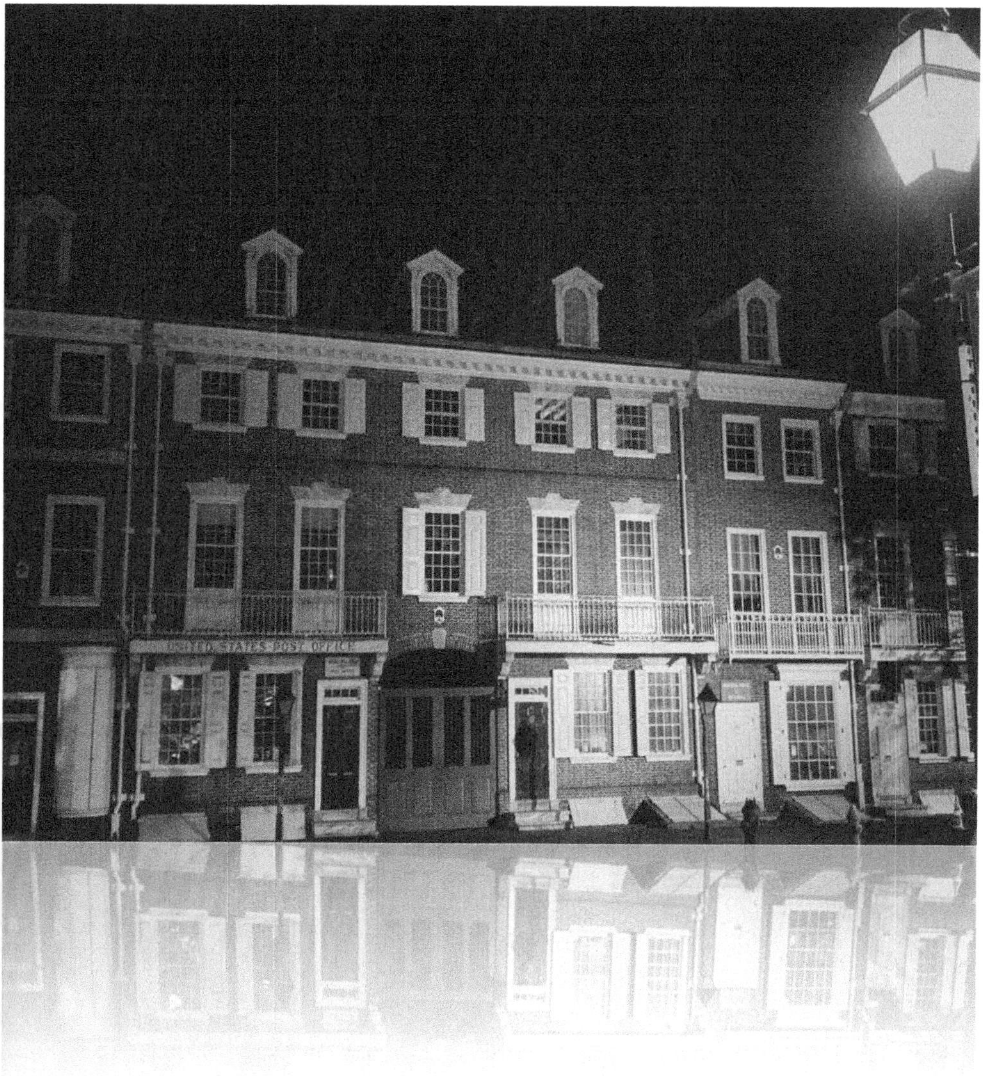

Capítulo 1

Noche obscura

Podía escuchar el rugir de mi estómago, el hambre me mantenía agotado y somnoliento; mi tío Miguel había mencionado que el viaje solo duraría de una a dos semanas, no contaba con el mal tiempo.

La mañana de mi viaje, mi tía Dolores empacó tres grandes panes, jamón y queso, y los envolvió en tela; tras una larga oración, la bendición de toda la familia y los llantos de mi madre, «Damaso, piensa en tu madre» —gritaba ella—, caminé a la puerta sin mirar atrás, con los ojos llenos de lágrimas y mi corazón asustado por lo que el destino me repararía.

Entre mareos y sollozos, solo se me ocurría pensar en Carmen, sus ojos verde olivo y su tez dorada hacían que perdiera el aire, así que un mes de viaje en este barco pestilente me recordaba las náuseas que sentía de solo pensar en enfrentar a su padre.

Mi familia, dedicada al campo, solo tenía lo suficiente para hacer una comida al día; Carmen y sus hermanas tejían tapetes, y aparentemente se encontraban en una mejor posición económica que nosotros, pero la verdad es que, sin importar el ingreso que generábamos, las enormes y absurdas cantidades de impuestos que las familias reales exigían, así como las epidemias y las guerras, tenían pobres a la población de la España de 1780.

Un día antes de mi viaje, cerca de las diez de la mañana, llegó un grupo de hombres uniformados a mi pueblo, avisando a toda familia que, cada esposo e hijo mayor de 13 años partiría a la guerra, «¡Preparen y gocen de sus héroes, porque venimos por ellos en dos días!» gritaban a fuerte voz. Mi madre rápidamente vendió toda la fortuna familiar, que constaba de dos gallinas, un puerco y tres vacas, para comprar mi boleto rumbo a América. La decisión fue fácil, si iba a la guerra, no volvería a verme, si viajaba al nuevo continente, había esperanza de que triunfara y mandara dinero para que la familia completa emigrara también.

Ahí estaba yo, tirado en medio de 1,200 personas, sin agua potable, ni baño, lo que sí nos acompañaba eran cientos de ratas; esa noche hervían pulgas, olores, calor humano; era como una sensación agria y nauseabunda; qué diferencia a cuando todos embarcamos alegres y llenos de ilusiones; un mes después había llantos, caras largas; lucíamos tristes y preocupados, y la mayoría hambrientos como yo.

Esa noche obscura alguien gritó «¡América!», nadie movió un dedo, parecía que se había detenido el tiempo. El barco se detuvo, nadie se atrevía a hacer preguntas, podías ver los ojos asomándose bajo las cobijas o tras las maletas. De repente se movió una mano con un brazalete igual al de Carmen, me paralicé, pensé en aquella tarde soleada cerca del río, sus ojos verdes hermosos me mantenían como en un sueño, no sentía frío ni calor, las distancias caminadas no me cansaban, era como ir volando, y cuando tomó mi mano para brincar una roca… sentí una electricidad desde el cerebro hasta el pie, no me explico cómo pude sostenerme entero, ella sonriendo me regresó a la vida; la amaba.

Mi pueblo se divisaba entre las montañas, había personas llevando sus ganados a pastar, otros saludando a gritos «Buenos días», «Dios te acompañe», contestaban a lo lejos; los niños iban corriendo a la escuela, las madres prendían la lumbre y buscaban huevos debajo de las gallinas que se esponjaban como estrategia para esconderlos. Si caminabas a la plaza podías escuchar hombres cantando o silbando, ¡qué alegría!, las campanas de la iglesia repicaban, las aves cantaban; siento paz al recordarlo.

Yo no lograba entender de política, solo escuchaba a los mayores hablando sobre la guerra; Carlos III era nuestro rey, la corona Española era familiar de la de Francia, y ambas querían debilitar a Gran Bretaña, así que la revolución de las Trece Colonias en el nuevo continente podía ser la gran oportunidad. En 1775, España, que gobernaba Nueva Orleans, comenzó a financiar a los rebeldes, utilizando la influencia de sus familias; teniendo el control del río Misisipi, le fue posible hacer llegar a través de él todo lo necesario, suministros, comida, municiones, armas, uniformes.

Recuerdo lo que hablaban los mayores en casa, estaban molestos porque sacrificaban la comida de su pueblo por intereses políticos fuera del país; se reunían todos los ancianos hablando hasta tarde tomando ese vino traído desde Bilbao.

La primera vez que vi a Carmen fue cuando éramos unos niños, ella estaba tejiendo tiaras de flores con sus hermanas, sus tías y su madre. Era una estampa hermosa, esas niñas alegres cantando y riendo; yo las veía como ángeles, de repente sus ojos me vieron, yo traté de esconderme tras las ramas de un arbusto, pero ella continuó buscándome con su mirada; recuerdo que corrí a mi casa, no sabía cómo manejar esa situación, su mirada, su sonrisa…

Todas las tardes nos encontrábamos en el riachuelo, caminábamos juntos a la iglesia, algunas veces corríamos, otras hablábamos tranquilos y los más días reíamos; esos cuarenta y cinco minutos que caminábamos me parecían segundos; al llegar a las escaleras del templo nos despedíamos tímidamente para entrar sin llamar la atención a la oración de la tarde. Pasamos desapercibidos, hasta que su tía Eloísa nos empezó a observar.

Crecí cercano a las veinte familias que conformaban mi comunidad. Todos éramos muy unidos, si alguna familia perdía un miembro, todos nos ayudábamos, o si a alguien le faltaba una mula para su siembra otro se la prestaba; si algún padre de la familia enfermaba o moría, los demás hombres del pueblo pasaban unas horas por la tarde para ayudar con la siembra o cosecha de ese hogar.

Así recuerdo todo, pero los últimos años fueron difíciles y diferentes, tal vez porque ya soy un hombre de quince años, lleno de responsabilidades; tengo catorce hermanos más. Murieron tres de mis hermanos por enfermedades de tos y los pulmones; murieron miles y miles. Todo el pueblo nació en los brazos de mamá Magdalena, —¿algún día habrá sido joven?— Me hacía preguntas cuando entraba en casa.

Mamá Magda fue la partera por años, o siglos, —¿quién lo sabe?—. Ella hervía agua, tenía sábanas limpias y oraba, pero aun así se morían los niños.

La tía Eloísa nos encontró una tarde en el camino a la iglesia, ella fue muy amable, pero me dejó muy claro que no siguiera viendo a su sobrina hasta que le construyera una casa; prometió no decirle a los papás de Carmen. Yo fui obediente, dije que sí, aunque he sufrido mucho, y claro, no tengo una casa.

Mi hogar estaba situado en el Valle de Pirenaico de Arán, montañas lejanas, y como todos, dependíamos de la seguridad que los nobles nos proveyeran; el pago de impuestos era insoportable y no podías huir; si alguna familia tenía grandes deudas, ellos podían venir y llevarse a sus hijos e hijas como esclavos para las casas del monarca.

Mi mamá creció al servicio de la familia Borbónica, era lavandera dentro del palacio, yo nací ahí, por lo que automáticamente me convertí en parte de los sirvientes; vivíamos en precarias condiciones. Mi padre fue un aristócrata que prometió amor a mi madre, bueno, no fue así, ella aprendió a ser fuerte; desde esa gran desilusión, dejó la inocencia romántica e infantil. Lo que sí cumplió mi padre fue la promesa de darnos nuestra libertad y un par de monedas de oro para que mamá y yo iniciáramos una nueva vida fuera del palacio, yo tenía 7 años para entonces; por órdenes de mi padre podía escuchar, más no participar en las clases para sus hijos reconocidos. Agradezco la educación que recibí, aprendí a leer, matemáticas básicas y escuché de ciencia.

Fue bastante extraño salir del palacio; fuera de él no había personas que supieran leer o escribir; comprendí que los mantenían trabajando en exceso para pagar los lujos y desperdicios de la realeza, mientras el pueblo era ignorante y pobre. No podía creer que en un día normal de comidas dentro del palacio prepararan cinco sopas, ocho aperitivos, tres clases de panes, cinco platillos fuertes con carnes y diez postres, y por si fuera poco, todo lo que sobraba lo daban a los cerdos y perros, preferían alimentar a sus animales que a sus sirvientes.

Las mujeres de la nobleza eran hermosas, con trajes delicados, zapatillas llenas de brillos y peinados extravagantes; las de servicio vestían trajes sencillos y de telas gruesas; sus zapatos negros mostraban hoyos, algunas andaban descalzas a falta de ellos.

Una noche fresca y clara tomamos el dinero y salimos del palacio, la luna nos condujo, caminamos tanto que se ampollaron mis pies, afortunadamente teníamos zapatos viejos que nos protegían de las piedras y dificultades del camino. Después de cuatro días llegamos a nuestro pueblo, desde el principio supimos que ese era nuestro hogar, lleno de gente sonriente y amable. Era una mañana fría y teníamos hambre, una mujer se acercó y nos ofreció agua y comida, descansamos esa noche ahí. Alguien le dijo a mi madre que necesitaban trabajadores en una granja grande de un noble, ambos pensamos que no queríamos regresar a la misma situación, pero platicando con la gente descubrimos que era una casa de verano, sin habitarse, además pagaban poco, pero el administrador era honesto en esa granja. Al medio día fuimos a hablar con él respecto al trabajo, era un hombre bonachón, sonreía todo el tiempo, de estatura baja y regordete. Venía silbando y jugando con su boina, de su chaleco colgaban llaves. Nos observó ahí parados y tan asustados que nos llevó a la cocina y sin más nos preparó un par de pedazos de pan y queso. Yo salí a jugar con las gallinas; de repente mi mamá salió a llamarme y a darme la noticia sobre nuestro nuevo hogar y trabajo. Vivíamos en paz, cantando y trabajando duro en los jardines, el señor Pablo fue siempre un caballero con mamá. Un día me regalaron nuevos zapatos, un pantalón corto, y me llevaron a bañar; para el mediodía una pequeña pero linda boda fue celebrada entre ellos.

Papá Pablo trabajó duro, hasta que los patrones le permitieron irse, cuando esto pasó le regalaron unas tierras en agradecimiento a su servicio por años. Nosotros volvíamos para cuidar de los jardines todas las tardes.

¡Amo mi hogar! Mis padres formaron una gran familia; por las tardes venían las vecinas para que les leyéramos cartas o documentos importantes, nos pagaban con comida, unos cuantos huevos, jamón o vegetales. Cuando crezca más quiero ser un maestro, no es fácil pensar que tanta gente no se puede comunicar con sus familiares lejanos porque no saben leer.

Toda la madrugada tuve en mi mente ese brazalete, ¿sería correcto correr hasta ahí y preguntar por Carmen?, pero pensaba «¿Será posible que ha estado aquí todo este tiempo?», no podía creerlo, pero la duda me sobresaltaba, podía escuchar mi respiración agitada. De repente uno de los mayordomos bajó con una lámpara de aceite en su mano, a gritos decía «¡Despierten, levántense, al salir el sol bajaremos! ¡Hemos llegado!». Yo sentía tantas emociones encontradas, pero sobre todo miedo. Seguía obscuro, todos comenzamos a formarnos para bajar del barco, era algo que todos añorábamos, pero en ese momento se respiraba tedio y desesperanza.

La noche era fría, no sentía mis dedos de la mano, mi nariz estaba reseca y helada, podía sentir grietas desde mi nariz hasta los labios; ardía. Mi esperanza era ver a Carmen, yo quería girar mi cabeza como aquellos búhos que habitaban en las montañas; de repente la fila comenzó a avanzar, caminábamos callados, despacio, bajé por esa rampa; ya comenzaba a aparecer el sol. Lo primero que escuché fueron palabras en otra lengua, supongo que era inglés, ya que los ingleses dominaban esa zona, no sabía qué decían pero imaginé que vendían cosas, la verdad, eran reglas, alguien me las explicó: no podíamos quedarnos en el muelle, ni permutar; los boletos del tren rumbo a Nueva York, Washington o Chicago estaban a la venta. Yo me sentía perdido, me senté sobre mi maleta a observar qué hacía la gente. Había unas mesas largas donde algunos hacían cambios de moneda, otros pedían lugar para alojarse, los niños lloraban y las mujeres estaban espantadas.

Después de dos difíciles días, durmiendo bajo cualquier árbol, encontré una buena familia, eran personas de mi país, me hallaron caminando por ahí, la verdad no sé el nombre del puerto al que llegué, pero ellos me invitaron a comer y pagaron mi boleto a Nueva York, todo parecía un sueño, yo siempre he sido devoto al Sagrado Corazón de Jesús, así que creo que fue un milagro.

Viajamos casi todo un día, fue una hermosa experiencia, todo era muy verde, lleno de árboles; en el camino desde el tren pude ver infinidad de aves, venados, hasta un oso negro. Yo no entendía el idioma pero la familia Vázquez sí, ellos me traducían; yo me dedicaba a aprender nuevas cosas. Viajaban juntos el Señor Nicolás, su esposa Socorro y el pequeño Pablo. Ella portaba unos guantes sumamente blancos, un sombrero lleno de plumas y un vestido amarillo lleno de encajes, era tan dulce y amable que no me dejaba extrañar a mamá. Don Nicolás era delgado y alto, portaba un traje negro, chaleco y un pequeño moño en la camisa; honestamente, yo daba pena, además olía muy feo, ya no recordaba la fecha de mi último baño ni cambio de ropa. En verdad esas personas eran ángeles, soportar mi hediondez fue una gran hazaña.

Llegamos por la noche a una casa cerca del Río Hudson dijeron ellos; era una casa con tres pisos, llena de vida, decorada tan fresca y hogareña, llegamos a cenar pan, queso y jamón. Nunca había tenido ese sabor en mi boca, trozos de pan bañados con aceite de olivo, me pellizqué para comprobar que no era un sueño. Más tarde Pablito me acompañó a mi espacio para recostarme, era un cuarto lleno de cosas en el tercer piso; creo que era su bodega; al fondo, cerca de la ventana, pude ver una cama cubierta con una colcha bordada en color blanco, tenía a lado una mesita de noche con una pequeña lámpara de aceite. Pablito me explicó que debería bajar la lámpara por las mañanas para que, cerca de la hora de dormir, la recogiera de la mesa central del pasillo, entrando por la puerta principal; después de eso salió corriendo y me quedé solo en la obscura pero acogedora recámara, para mí fue un lujo, por más de un mes la mejor habitación imaginable.

La mañana siguiente la señora Socorro vino a hablarme, tenía en el patio, en un pequeño lugar, una tina caliente y ropa limpia para mí, no lo podía creer. Don Nicolás me esperaba en la cocina y ofreciéndome una taza de infusión y pan me dijo «Sígueme». Caminamos por la puerta trasera y llegamos a una cocina grande y limpia, gente caminaba de aquí para allá, «Es nuestra panadería», me comentó. Me guio hasta el final de la cocina y me pidió que cargara costales de harina y levadura, acomodé huevos y rallé finamente cáscaras de naranja para dar sabor al pan. Conocí nuevas personas y pasé un día muy ocupado. Recogí mi lámpara cuando llegamos a casa, tras meterse el sol.

Toda la semana fue impactante, aprendiendo, descubriendo y conociendo nueva gente, algunos hablaban inglés, «tengo que aprender palabras», pensé.

Me pude dar cuenta de que las familias provenientes de España vivían juntas, todos eran vecinos, se protegían y cuidaban unos a otros, yo no sabía de quién o de qué.

El primer fin de semana las familias llegaron a casa, como de costumbre a la tertulia; cada una con sus bandejas llenas de comida, en verdad era un festín, recordé aquellos en el palacio, pero aquí todos hablaban, otros cantaban y reían a carcajadas. Lo más fascinante fue cuando Don Nicolás me llamó y me entregó dentro de un costalito hecho de tela una suma de dinero, «¡Mi sueldo!», emocionado grité, brinqué y bailé de alegría; todos me abrazaron diciéndome «Bienvenido, hijo». De repente pensé en mi familia, mis hermanos, «¡Cuánta comida podrían comprar!» decía. Dormí con una sonrisa en los labios, fue una gran noche.

Al día siguiente, mientras trabajábamos en la panadería, alguien tocó fuertemente la puerta, todos nos asustamos; era un hombre británico, con peluca blanca y caireles, venía con su esclavo, hablaba golpeado y gesticulando de más, enseguida todos salimos a formarnos, el señor nos revisó el pelo, las uñas, la garganta y nos contó uno a uno; pidió una cantidad de monedas; todos estaban en tensión, fue así que vino Don Nicolás, acercándole al hombre elegante la cantidad que pidió, y este se marchó tras grandes gritos. Yo pregunté acerca de ese hombre, me dijeron que era el recaudador de impuestos de la colonia británica, lo detestaban; recordé que era la misma situación que sufríamos en casa con la nobleza española, no esperaba que en América se viviera lo mismo.

Esa noche todos los hombres tuvieron una reunión fuera de horas de trabajo; la revolución, «grupos de rebeldes», —como los británicos los llamaban—, tenían una reunión ahí en la panadería; fue la primera vez que escuché hablar a todos en inglés; fue nuevo saber que había personas de África, eran personas libres que compraron con grandes sacrificios, a veces de toda la familia, su libertad. Transcurrió la reunión, de pronto Don Nicolás, frustrado con algunos papeles en la mano, volteó diciendo «¡Por qué no sabemos leer?», sorprendido exclamé «¡Yo sé!» Seguido de eso todos rieron y cantaron, me decían «Miguel eres una bendición, la virgen te mandó». Estuve leyendo cerca de dos horas en mi cuarto por la noche y el día siguiente les expliqué todo, yo me sentía realizado, como un adulto, ahora sí sería el orgullo de mi madre.

Recibí sus cartas llenas de amor, contándome de mis hermanos, de mi padre, que volvió a comprar gallinas y dos vacas con el dinero que yo enviaba. Después de varias cartas pregunté por Carmen, le conté a mamá que vi una mano con su brazalete. Tras meses de preguntar por ella, mi madre por fin escribió que había muerto un día antes de que yo tomara el barco; no tuvo una ceremonia, ya que fue debido a la pandemia y solo la sepultaron; nadie me dijo nada para evitar que muriera de tristeza.

Las siguientes dos semanas la soñaba, algunas veces llamándome y rogándome que la salvara de algo o alguien que la perseguía; yo podía ver sus hermosos ojos y despertaba llorando y desesperado… Por otro lado esperaba las noches para reunirnos en la panadería, hablábamos, planeábamos, y yo disfrutaba eso, era como estar con una gran familia; escribía a otros compatriotas y tomábamos decisiones que beneficiaban a todos.

Muy pronto me llamaban Don Miguel, me buscaban para escribir a sus familiares, para leer cartas o comunicados; poco a poco fui aprendiendo inglés, entendí que era un proceso, al escucharlo día a día podía ir memorizando palabras y frases, cerca de los seis meses ya podía leer un poco esa nueva lengua.

Yo prosperaba en el trabajo, hacía tratos con algunas tiendas de café y té, les entregábamos temprano pan y galletas, de repente, algo llamó mi atención, era el mismo brazalete, con dos flores y un corazón colgantes, brillaba en la muñeca de alguien cerca de la cocina. Disimuladamente me acerqué a pedir un vaso de agua, una hermosa joven con ojos de miel me sonrió, sus cabellos eran rizados y largos, su figura esbelta, e irradiaba luz; me dejó sin habla, y ahí como un tonto estaba yo, tal vez con la boca abierta ...

Después de unos minutos en los que no pude escuchar nada, me sacudió del brazo y me preguntó «What's your name?» Yo continuaba aturdido, alguien la llamó y me quedé ahí mudo, como un tonto. La dueña de la tienda de café rio diciendo, «Es hermosa, ¿verdad?, trabaja con nosotros, su padre es el cocinero principal, Marcelo». Me retiré a mi próxima entrega, caminando vino a mi mente el tal Marcelo, hemos hablado en las juntas nocturnas, alguien me contó su historia; él es una persona afroamericana, sus padres llegaron como esclavos en un barco inglés; ellos han trabajado muy duro y haciendo favores por aquí y por allá lograron juntar una suma muy alta para comprar la libertad de su hijo, necesitaron una carta de libertad de la hacienda donde nació, pues si alguien nacía de unos esclavos con dueño, entonces era también de su propiedad, por eso sus padres tuvieron que pagar. Él se empleó en una granja, los vecinos eran Almeida, una familia de la aristocracia española que pasaba los inviernos de Europa en Nueva York, ahora con la pandemia y la guerra, era más seguro vivir en América.

Nora se enamoró de Marcelo, que no es su nombre de pila, sino el que adquirió al casarse con ella. No hubo un casamiento formal, ya que estaba prohibido hacer bodas entre diferentes razas, (europea con africana), ni las autoridades ni la iglesia veían bien esas uniones. La madre de ella, siempre la amó y, en contra de todos, respetó su decisión. Celebraron una pequeña ceremonia, vino un sacerdote de la familia y al no poderles otorgar el sacramento del matrimonio, les dio una bendición; después de eso, la madre con mucho dolor le entregó una pequeña herencia de joyas y la despidió a vivir con los recursos que su marido pudiera darle; el siguiente año tuvieron en sus brazos a la pequeña Sofía.

Nora fue una joven preparada, estudió idiomas, música y literatura, para ella fue muy fácil emprender, compraron una pequeña casa, y abrió una tienda de moda inglesa, su madre junto con sus primas le enviaban las telas, listones, encajes, sombreros, guantes y algunos diseños originales y de las mejores casas de moda, sin embargo, fue muy difícil que su negocio vendiera, ya que nadie quería manchar su reputación al entrar en un negocio de una mujer desheredada y que, además, vivía en pecado con una persona que no estaba comprobado que fuera humano, sí, así como se escucha, en esos días se discutía si las personas de África se consideraban humanos, porque creían que no tenían espíritu ni inteligencia.

Nora visitó personalmente la casa de las señoras importantes, algunas no le abrían la puerta, hasta que una duquesa proveniente de París perdió su equipaje en el viaje y desesperada, ya que tenía una cita muy importante, la llamó; el vestido, sombrero y guantes que compró fueron un éxito, desde entonces, con la doble moral de esas damas, olvidaron los detalles de su vida y comenzaron a comprarle.

Marcelo, a su vez, buscó trabajo, y después de mucho batallar, encontró uno de cocinero, él siempre fue muy bueno para dar sabor a los platillos, además trabajaba rápido y con higiene; tenía que hervir agua, lavar las verduras y cocinar carnes frescas.

Sofía fue creciendo y aprendiendo de su madre la historia universal, piano, bordados, pintura y literatura. Era hermosa, pero los prejuicios le impedían aspirar a puestos como en el periódico local o en alguna oficina del estado, ya que era mulata, se notaba en su elegante presencia, el tono dorado de su piel y los cabellos ondulados que había heredado de su padre, afortunadamente también heredó el buen sazón y el gusto por la cocina. A mí me encantaba llegar temprano a entregar el pan y escucharla cantando mientras pelaba las papas y hervía el agua.

No tardaron mucho en regar la noticia, «¡Miguel está enamorado!», yo no podía ni ver a los ojos a Don Marcelo, hasta que un buen día se me acercó y preguntó «¿Cuánto tiempo más tardarás en pedir permiso para visitar a Sofía?, se va a cansar de esperar y no te voy a permitir visitarla», dijo sonriendo. Su tono y actitud me animaron y me atreví a pedir permiso, él aceptó que la visitara los lunes y solo dos horas; yo no podía creerlo, me empecé a poner nervioso, «¿de qué vamos a hablar?» pensaba.

Mi hora favorita del día era cuando iba de regreso a la panadería, podía caminar por la calle cercana al río, era un callejón rodeado de árboles, donde se escuchaban los pájaros cantando y además se sentían los rayos del sol que entraban tímidos a través de las ramas; mi estación favorita era el otoño, porque las hojas se coloreaban verde obscuro, rojo y naranja, una hermosa combinación; el aire soplaba delicioso, nada frío. Podíamos trabajar muy frescos y con el aroma agradable de las flores que el viento compartía.

Era la primera semana de julio de 1776, y era día lunes, podía visitar por primera vez formalmente a Sofía. Salí de mi trabajo, corrí a asearme un poco, busqué una flor del jardín de Doña Socorro, iba muy nervioso, llegué a su casa, toqué la puerta y salió el padre, me sentí aliviado por la familiaridad al hablar con él; después llamó a su hija, ella caminó hacia mí con un vestido blanco, llevaba su pelo suelto y resaltaban sus ojos color miel, era como si su aroma a flores embriagara el espacio. Me dijo «Ven Miguel». «Qué interesante se escuchaba mi nombre en su boca», pensé. Nos sentamos en una banca cerca de la puerta de entrada, me contó que estaba leyendo noticias de un periódico que su abuela le mandaba con cierta frecuencia, ya que ella esperaba que su nieta trabajara en el periódico local algún día. Me contó que el Rey Carlos II de Inglaterra donó a su hermano, el duque de York, las tierras que ahora se llaman Nueva York en su honor. Ella hablaba y yo estaba fascinado, era tan inteligente, y nunca más me preocupó pensar de qué íbamos a hablar. Hablamos muchas cosas, por ejemplo de los acontecimientos que propiciaron la firma de la Independencia, fue una gran noticia, hubo muchas luchas, pero el 4 de Julio de 1776 se disolvió formalmente la relación de las Colonias con Inglaterra, esa separación era la única manera de obtener libertad y justicia al nuevo país naciente.

Un día de esos en que la visitaba me atreví a preguntarle sobre el brazalete que llevaba puesto, ella muy contenta me lo mostró y me platicó su historia; resulta que su madre tenía una mejor amiga de la escuela, ella había estudiado en el extranjero, en París, fueron inseparables; una tarde mientras paseaban vieron a la venta dos brazaletes, los compraron y juraron dárselos a sus hijas cuando nacieran, porque estaban seguras de que tendrían hijas y ellas serían también mejores amigas; así comenzó una linda historia de amistad entre Sofía y Carmen, quienes mantenían comunicación y se contaban lo que vivían, lo que les pasaba; pero de repente Sofía no supo más de ella. Pronto la mamá de Carmen escribió a su amiga contándole que su hija había muerto, fue un gran golpe para las dos, desde entonces Sofía cuidaba más de aquel brazalete, por el recuerdo de esa gran chica. Bueno yo estaba con los ojos llenos de lágrimas, no quería decir la verdad, que yo había amado a Carmen, así pasaba el tiempo cuando ella gritó «¡Eres tú su Miguel!». Pasamos más de dos meses sin hablarnos, ella no quería recibirme, yo entendía, pero sufría mucho. Una mañana recibí una nota, estaba firmada por ella pidiéndome que la viera esa noche en su casa, pasaron muy lentas las horas, yo moría por verla, se acercó y conversamos, dijo que era difícil para ella pero que hablando con su madre, Nora, encontró alivió; discutieron sobre la posibilidad de que Carmen hubiera hablado con los ángeles del cielo para que alguien cercano a ella cuidara de mí, así que por eso Dios unió nuestros destinos. Me abrazó fuertemente y me dijo que me extrañaba, yo sentía todo muy raro e incómodo aunque entendía que lo de Carmen fue un amor infantil, y ahora amaba maduramente y con conciencia, así que le expliqué que solo caminábamos, corríamos y jugábamos como los niños que éramos, pero que a ella, mi Sofía, la amaba por su alma buena, su dulce carácter y su dotada inteligencia.

Cada día estaba más enamorado, tuve que mandar a mi madre una carta diciéndole que ya no ayudaría más a la familia porque debía ahorrar para casarme, afortunadamente mi mamá comprendió, me mandó su bendición y me platicó que papá pudo comprar mucho ganado durante ese tiempo y que ahora ellos tenían que luchar solos.

Yo comencé a ahorrar, no le conté a nadie nada, transcurrió un año y un buen día mientras hacía mis entregas, la dueña de la tienda de café me llamó en privado, me contó que quería irse a vivir a Delaware con una prima que recientemente había enviudado, y que juntas podrían acompañarse, y me ofreció la tienda de café en venta; yo me quedé sorprendido ya que dentro de ella se reunían las personas y familias importantes para compartir el té y tomar decisiones de sus negocios; también era el lugar donde se reunían los novios y había múltiples proposiciones durante el año; yo le pregunté la cantidad que pretendía ganar y quedamos de volvernos a reunir. Esa noche no pude pegar un ojo, conté mis ahorros, y estaba sorprendido, fue algo divino, era la cantidad que yo tenía.

A la mañana siguiente llegué con un gran ramo de flores, y senté a Sofía y a la dueña del lugar frente a mí, en ese momento le entregué un paquete a la señora, y le anuncié a mi novia que formalmente le pediría su autorización para hablar con Don Marcelo y casarnos, ya que ahora éramos dueños de la tienda de café y que ese era mi regalo de bodas; ella brincó de gusto, llamó a gritos a su padre, él había escuchado todo desde la cocina, así que salió con un gran ¡Sí!

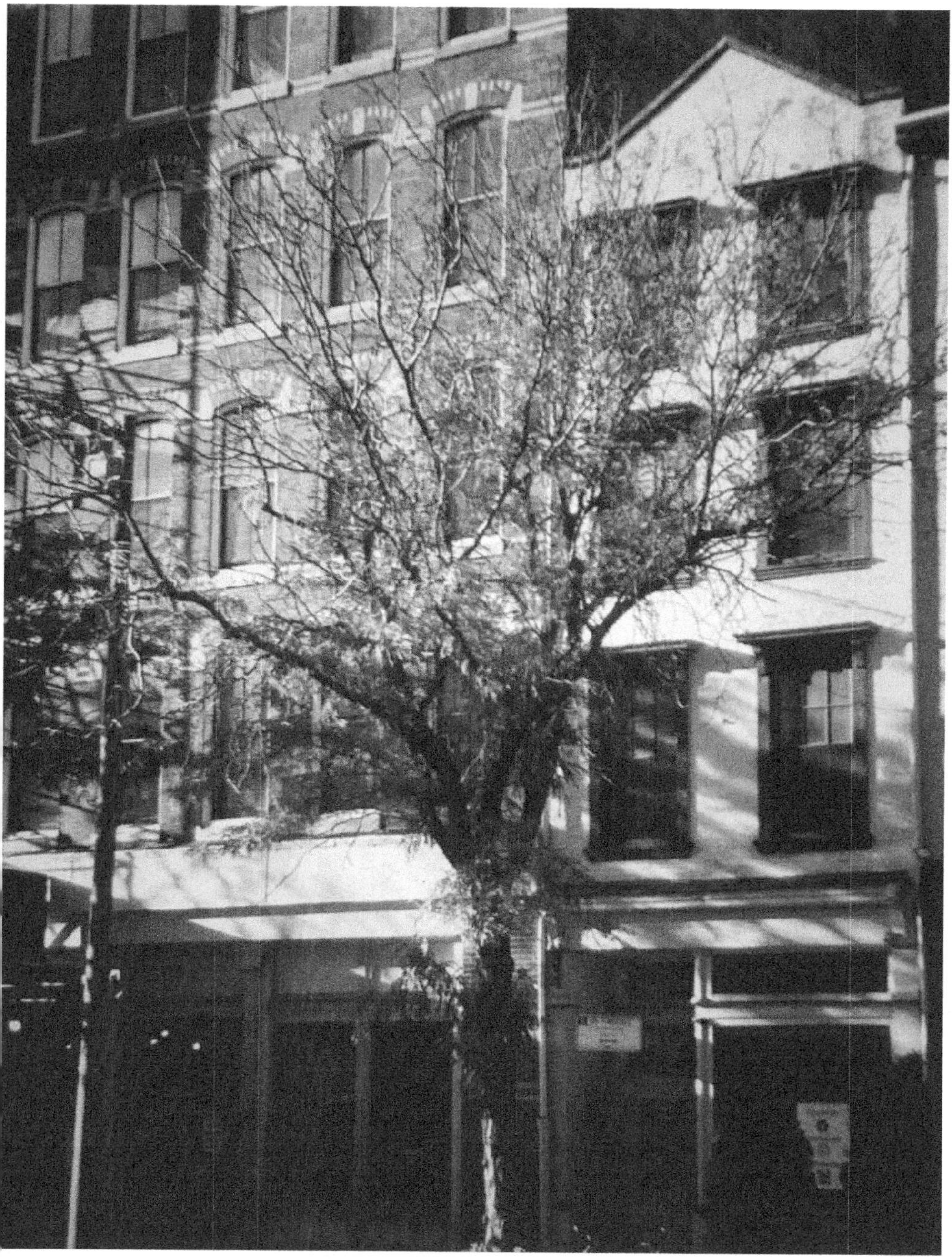

Capítulo 2

J. La Heroína

Porqué emigré a Estados Unidos de Norteamérica; mi historia es una de amor, yo caí enamorada, como dice la canción «*Fall in love*»; viví en México por 42 años, me moví a Texas con toda mi familia, por 4 años viajamos de vacaciones a Pensilvania, es un lugar hermoso, lleno de historia, ha sido escenario de grandes acontecimientos: la lucha de independencia, la primera constitución, las leyes antiesclavistas y muchas luchas sociales.

Quiero platicarles que Pensilvania fue un regalo del rey Carlos II de Inglaterra para Sir William Penn, esa es la razón de su nombre: *Penn* y *Silvania* que es derivado del latín y significa selva o bosque, así que la traducción sería «*Bosque de Penn*». Cuando se declaró estado independiente conservó el nombre, pero ahora como un estado autónomo.

Aquí conocí una gran historia, quiero presentarles mi entrevista:

—John ¿tú sabes tus orígenes?— pregunté a John Y.

—Claro, me encanta hablar de eso —contestó—. Mi bisabuela fue una mujer increíble, estoy muy orgulloso, ella se llamaba J. K., nació en 1886, vino a Estados Unidos cuando tenía 7 años de edad. Se estableció en Shenandoah, Pensilvania, con sus padres —me platicó muy entusiasmado—. Ella llegó sin saber inglés, asistió a la escuela pública hasta sexto grado, aprendió mucho sobre el idioma, las leyes del país, las costumbres y de literatura. En ese tiempo empezaron a establecerse en el estado muchas familias de Lituania, tantas que comenzaron a llamarle Vilnius, como la capital de Lituania, en lugar de Shenandoah.

—No sabía que la mayoría de gente de Shenandoah tenía ese origen, pero es increíble —le contesté.

—Todos se dedicaban a la minería, era gente pobre además de religiosa y respetuosa de las tradiciones católicas, de hecho ellos mandaron traer cosas costosas de Europa, retablos, pinturas, molduras de oro, campanas, todo lo que les recordaba las imponentes iglesias de su país. Ganaban muy poco en las minerías, pero se esforzaron por levantar una comunidad, tenían un lugar para reunirse y realizar sus festividades.

—Estoy sorprendida porque en esa ciudad he visto impresionantes iglesias, unas con cúpulas de oro o plata, además edificios construidos en cantera—le contesté.

—Sí, te voy a contar de mi bisabuela, ella empezó a ser embajadora no oficial de su gente, les traducía documentos oficiales, les ayudaba a hacer trámites, cartas personales y además les platicaba de sus derechos; en esos años, Pensilvania ya era un estado oficialmente libre de la colonia, pero la gente rica y dueña de comercios, minerías o fábricas eran todavía ingleses, y entre ellos había gente racista, que no toleraba gente de otros países, los trataban como amos a esclavos, así que si hablaban su lengua materna ellos los atacaban, los despreciaban, incluso los desaparecían, ya que el sistema de leyes apenas se estaba formando.

—Lo sé, a veces he sentido esa misma clase de tratos, aún en estos días—agregué.

— Abuela J. tenía solo 14 años, hablaba por la gente, los recibía en la estación del tren, hacía tratos para alquilar casas para ellos, trámites de escuela, compra de víveres; era una mujer muy servicial, su casa siempre estaba llena de gente, ya que sus padres los alojaban mientras encontraban trabajo y lugar para vivir, creo que eso fue lo que enamoró a mi bisabuelo W. Y., él era originario de México, lo trajeron pequeño, tuvo que cambiar su apellido por razones de racismo; fue un hombre valiente, luchó por la libertad para la nación aquí en Estados Unidos, y también luchó por España en 1898, ya que su madre era Española. Se casó con mi bisabuela en 1902; cuando contrajo nupcias pensó en no tener más aventuras peligrosas, así que se estableció en Shenandoah y trabajó en las minas, la verdad, eran situaciones muy difíciles, ya que era inseguro e insalubre, había accidentes frecuentes y la gente perdía la vida—me contó.

—Yo estuve en un museo recientemente, estuve viendo pinturas y fotos de esos tiempos, me causó tristeza; la gente trabajaba horarios difíciles bajo climas muy fríos o muy calientes, era todo muy inseguro, los dueños no invertían en vigas o soportes por gastar lo menos, así que había muchos derrumbes adentro; trabajaban niños y gente mayor también, muchos de ellos tenían problemas graves de salud debido al carbón en sus pulmones. Algo que me causó lástima fue saber que usaban mulas para jalar los carros llenos de carbón y llevarlos hacia la superficie, ¡imagínate qué condiciones tan deplorables para esos pobres animales!, si no les importaban las vidas humanas, no creo que cuidaran de sus animales—le comenté.

—Mi origen mexicano me enorgullece también, ya que soy primo segundo de Carlos Santana, el guitarrista famoso, siento que por mi sangre corre ADN de personas entregadas a su causa y serviciales— agregó—. Gracias a Dios mi familia sobrevivió, ya que mi bisabuela tuvo muchos problemas para embarazarse y lo más triste fue que perdió muchos niños recién nacidos, pues nacían en casa y no existía higiene como ahora, ni aparatos o incubadoras, así que los bebés no sobrevivían. Después mi bisabuelo W. decidió ir al hospital, pero creo que tomó una mala decisión, porque si los bebés nacían morenos por nuestros orígenes, las enfermeras los dejaban morir de frío. Fue muy desolador, contaba mi madre. En 1922 nació su última hija, solo le sobrevivieron cinco de dieciséis; ellos todavía no tenían casa propia, ya que en las minas no se ganaba mucho—me contó con tristeza John.

—Creo que la historia de tu familia es una muestra de lo que pasaban muchas en esos tiempos—le contesté.

—Quiero platicarte de la famosa protesta de mineros en 1900, inspirada por los irlandeses que vivían esa misma situación de inseguridad y pobreza . Molly Maguires fue una mujer valiente que defendió los derechos de los trabajadores mineros, pero lamentablemente fueron asesinados, unos ahorcados para escarmiento de los demás y otros golpeados. Mi bisabuela estaba en el hospital por uno de sus pequeños, por esa razón no murió como los demás—respiró John con dolor.

— Siento todo esto John, es difícil conocer tan de cerca estas historias— le di una palmada en su hombro.

— J. se mantuvo fiel a su herencia, organizaba eventos en la iglesia para ayudar a los más desafortunados, organizó una banda para la iglesia en St. George's. En 1923 W. murió en un accidente en la mina, mi bisa vivió muchos años más entregada a su comunidad, la gente la conocía por ser buena cocinera y tener un gran sentido del humor, una mujer así tuvo que ser positiva y alegre—dijo John.

—Sí lo creo, gracias a mujeres como ella se mantienen tradiciones y valores—comenté.

—La gran depresión de 1929-1939 fue muy difícil para todos; no había trabajos, dinero, ni hombres, porque se encontraban en la guerra, así que las mujeres fueron pilar de sus hogares y proveedoras. J. cuidaba de sus hijos, pero también apoyaba a las familias vecinas en desesperación e infortunio. Todas las familias la recuerdan con amor, murió de 70 años—sonriente me platicó.

—Gracias por contarme tu historia familiar John, quiero hacer un homenaje a todas las mujeres luchadoras que hicieron posible que esta nación ahora sea fuerte, libre y multicultural, todos somos emigrantes y descendientes de ellos, ya que los pobladores nativos de EUA eran los indígenas de la zona, que los colonizadores desaparecieron—agradecida me despedí.

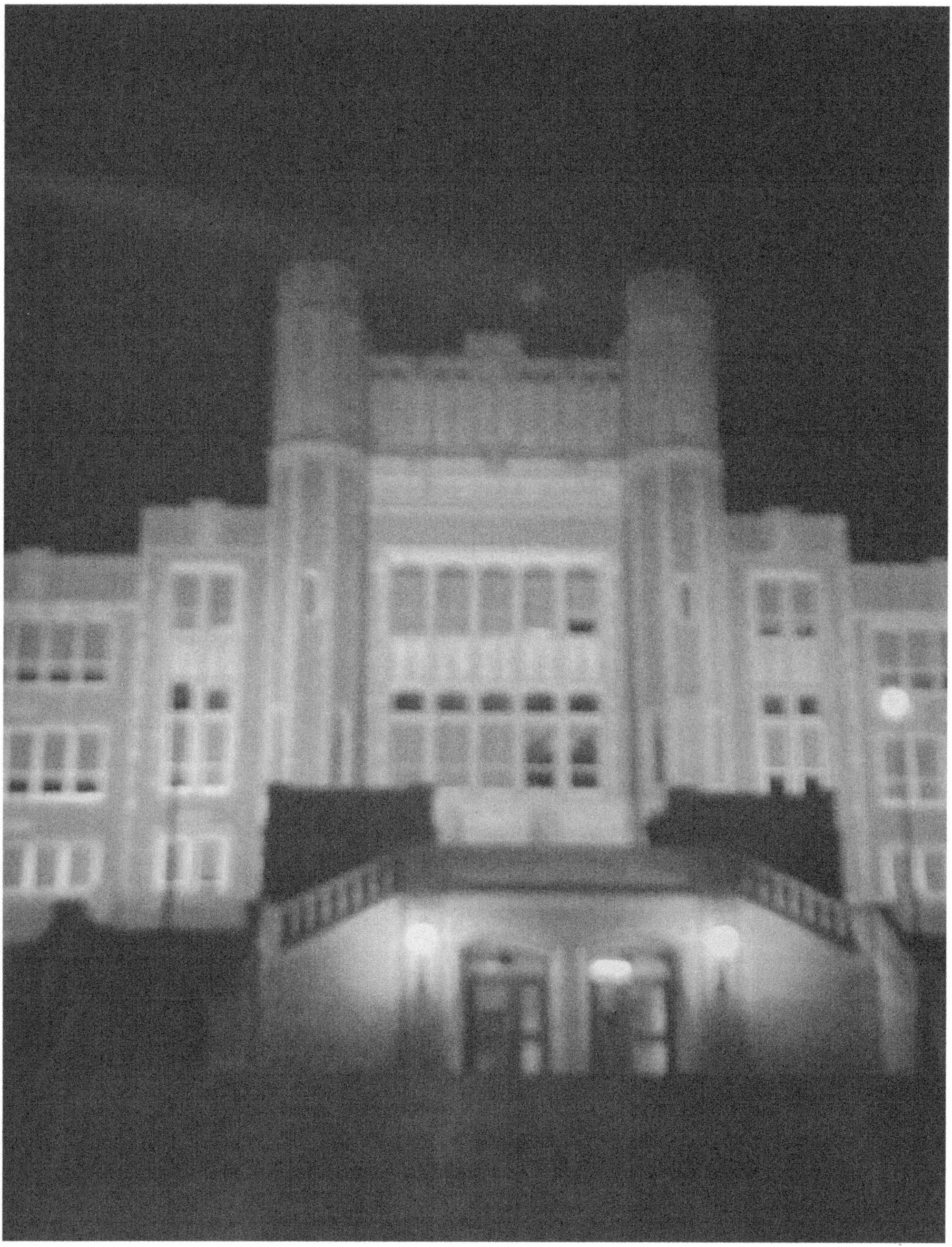

Capítulo 3

Abuelita dulce y sabia

Aún no amanece y Soria habla con Dios, hincado en su cuarto, teme qué va a pasar con su vida así como con la de su familia; recogió sus cosas, una pequeña mochila y una cantinflora con agua; besó a su esposa que todavía dormía, caminó hacia la habitación de sus dos hijos, eran tan pequeñitos aún, ¿qué sabían ellos de comunismo?, ellos solo pensaban en jugar, comer y recibir amor de sus padres.

Rumania es un lugar lleno de árboles; animales como lobos, coyotes, osos, y otras grandes especies habitan en las montañas de Cárpatos, la cordillera más larga de Europa; nueve países colindan con las montañas; es tan grande esa área cerca de Rusia que algunos bosques todavía son vírgenes e inexplorables. Las personas que viven en este hermoso país bañado por las aguas del río Danubio han sido conservadoras en su mayoría, tratando de vivir las nuevas comodidades de este mundo tecnológico pero con pequeños pasos.

Soria escuchaba a su padre contar que su familia solía vender los vegetales que crecían en su tierra, así como huevos, leche de vaca y chiva, trabajaban duro pero podían alimentarse bien y de vez en cuando bajar a las fiestas del pueblo, sin embargo, pagaban muchos impuestos para la corona. Todo cambió desde que Ceausesu tomó el poder bajo el partido comunista rumano, nadie tenía efectivo, no había víveres ni para comprar, racionaban todo, hacían filas por horas para que les dieran productos básicos para sobrevivir, papas, azúcar, harina.

Anca era el nombre de la esposa de Soria, una mujer bajita, ojos color amarillo, la gente la recordaba como la chica con ojos de gato, a ella no le molestaba. Ella había sido una joven fuerte y atrevida, creció cerca del río Danubio, así que nadaba en verano; en invierno esquiaba; siempre andaba a caballo, era una mujer deportista y activa. A los 15 años conoció a Soria en la iglesia ortodoxa, en el coro que organizaban los jóvenes todos los años; ambos venían de familias tradicionales, por lo que fue largo el tiempo desde que él pidió permiso para visitarla, hasta que los padres de ella lo aprobaron; después de dos años de amigos, con un permiso formal, por fin pudieron platicar a solas, sin chaperones o mamá sentada entre ellos.

Era 1983, Soria comenzó a trabajar en una mina; nueve horas de trabajo diarias, por siete días; después del trabajo todos los ciudadanos adultos debían ir a practicar tiros, todos eran soldados, mujeres y hombres, todos bajo un régimen militar comunista. Su sueldo era bajo, juntando su salario no podía comprar ni un kilo de azúcar, se alimentaban con una tarjeta de despensa; todo estaba racionado, solo podían recoger un kilo de carne al mes, una rebanada de pan por día, una cucharada de azúcar, y unas cuantas papas; con esa dieta tan pobre tenían que trabajar duro y sin parar.

Los jóvenes querían casarse, así que aceptaron vivir en la parte de arriba del granero, así podían estar con la familia y ayudarse mutuamente; pudieron vivir un sueño de amor hasta que llegaron los hijos, ellos necesitaban más comida y no veían esperanza sobre un futuro mejor, especialmente por la sequía de aquel año.

Soria platicó con su amada esposa sobre la posibilidad de emigrar hacia América, eso era muy peligroso, ya que no había permisos para salir del país, y si descubrían a alguien huyendo se consideraba deserción, así que lo mataban; aun así, ellos hicieron un plan.

Soria comenzó a caminar desde las tres de la madrugada, llegó al bosque, se introdujo ahí por tres días según lo planeado; Anca reportó a su esposo como perdido a las autoridades, quienes hicieron el reporte en las minas y empezó de inmediato la investigación. Mientras tanto él, después de la cuarta noche, comenzó a caminar a través del bosque, había escuchado cuentos de hadas y de pequeños hombrecitos traviesos, pero de noche nada es romántico, al contrario, es siniestro, misterioso y terrorífico; no tenía ni idea de la procedencia de todos los sonidos extraños, aullidos, gruñidos…

Nadie sabía los planes del joven matrimonio, sus padres comenzaron una búsqueda inmediatamente, después de los tres días su madre organizó una ceremonia de adiós, algo parecido a un funeral pero sin cuerpo, ella culpaba a los de la policía secreta, que podían ser hasta niños, nadie podía confiar ni en su sombra. Para el régimen solo fue un número menos, menos comida para repartir.

Soria dormía de día y caminaba de noche, comenzó a sentir una niebla espesa, era como si el aire, el tiempo, caminara más despacio; a lo lejos un castillo en la nada, se sentó a observar la imagen amenazadora, tuvo precaución y subió a un árbol, desde ahí pudo ver salir una gran cantidad de murciélagos, miles de ellos, parecían una ola de agua marina; en ese momento pudo distinguir algo espeluznante, un lobo con cabeza y manos humanas, gritaba primero con dolor, parecía que la muerte lo cubría, de repente su cabeza se partió en dos y sus manos se volvieron garras; maligno y terrorífico, un gran animal de dos cabezas y ojos rojos. Soria se paralizó por horas, la espeluznante figura desapareció en el denso bosque, a lo lejos solo podía vislumbrar la niebla; podía escuchar horribles sonidos llenos de desesperación; esa noche no se movió, sentía que la sangre se le congelaba de terror; al despertar el sol, la niebla se disipó y descubrió un letrero que decía «Corazón de Transilvania, Tierras de Vlad III, Señor de Valaquia», al leer esto sintió que la sangre se le volvía agua, recordó las aterradoras historias sobre ese personaje; se dice que ese príncipe mató miles de personas con métodos de tortura diabólicos, así comenzó la leyenda del Conde Drácula.

Anca lloraba de preocupación y de incertidumbre, eso ayudaba a que las autoridades que la vigilaban, y todos los de la policía secreta encubiertos entre la gente del pueblo, pensaran que de verdad su esposo había desaparecido y tal vez muerto. Lo único que a ella le dolía de este plan era la tristeza de sus pequeños, agradeció a Dios el estar cerca de su familia, porque los tíos y abuelos llenaron de amor a su par de hijos; ella era la que sufría de verdad, sin poder confiar en nadie para platicar lo que estaba viviendo en su interior, y el temor de que un animal salvaje se comiera a su esposo, o un soldado lo descubriera y entonces sí vivir el entierro real y la posible encarcelación de ella por cómplice.

Todo ese día Soria no pudo moverse de terror, pasó otra noche y él seguía en ese árbol, afortunadamente tenía frutos, se arriesgó a comerlos sin saber si eran venenosos, durmió por largas horas. De nuevo llegó la noche, de repente escuchó risas, abrió los ojos y descubrió a tres hermosas mujeres; una pelirroja y dos de cabello obscuro; su silueta era sensual y perfecta; no podía despegar su mirada de ellas, cantaban y bromeaban, de repente una volteó su cara directo a donde él estaba, eso fue lo más horrible que ha visto, tras esa hermosa cara encontró ojos rojos y largos colmillos, entonces descubrió que en sus manos tenían un pequeño venado sin vida, de sus colmillos goteaba sangre; en ese segundo algo inexplicable sucedió, el lobo de dos cabezas apareció, y al gruñir, ellas salieron volando, el lobo alcanzó a morder a una de ellas que gritó de una forma escalofriante; Soria cayó del árbol desmayado. Llegó el alba, un hombre cargó a Soria, y lo llevó a una cueva templada. Tenía una especie de cama formada con pieles de animales, cómoda y suave, después de tres días despertó; el buen hombre lo escuchó enderezar y fue hacia él, se presentó, dijo que su nombre era Cezar. Soria comenzó a contar lo que vivió, el hombre se rio bastante frente a Soria que estaba desorientado y le dijo «Muchacho esos frutos que comiste son veneno para el humano, alucinas y mueres» y continuó riendo.

Cezar preguntó sobre sus planes y por qué andaba tan lejos de casa, después de escuchar todo, le recomendó ir al río, sería más seguro y tendría agua y comida al alcance, así que le proveyó de algunos víveres y un pequeño mapa dibujado por él; Soria salió muy agradecido. Al retirarse encontró un pedazo de tela brillosa ensangrentada colgando de un arbusto, además de una pezuña de la garra de un animal llena de sangre, sintió escalofrío pero decidió despedirse de ese lugar lo más pronto posible.

Su madre no paraba de pedir por su alma, organizaba a las esposas y mamás de los mineros, aunque no podían hacer reuniones todas colgaban una flor en la puerta, esa era la señal de que estaban unidas en oración. Gracias a estas oraciones grandes cosas pasaron, hubo milagros, uno de ellos fue después de un derrumbe en la mina, pasaron tres días y no encontraban sobrevivientes, de repente descubrieron un lugar con luz, al llegar vieron el milagro, que otros llamaron casualidad, se había formado una burbuja de aire que proveía de oxígeno a los mineros, así que la lumbre podía dar luz y calentarlos, además de que respiraban perfectamente en medio de un gran derrumbe sin esperanzas de sobrevivir.

Soria continuó caminando a través de enormes árboles, veía todo tipo de animales e insectos; de repente sintió como que alguien lo seguía, se obligó a concentrarse y encontrar el río, no se permitió más pensamientos de miedo o derrota, pensaba en su esposa y en sus pequeños; se imaginaba a su esposa cocinando deliciosos pasteles, además de su famoso estofado; a los pequeños repasando sus lecciones y cantando el abecedario; de repente sintió frío, se imaginó sentado junto al fuego. Estuvo ahí acurrucado junto a un árbol por un par de horas, se escucharon gruñidos, volteó al frente encontrando un gran oso negro, el animal siguió amenazando y mostrando sus grandes garras y dientes, de pronto algo asustó a la bestia, Soria se hincó dando gracias a Dios. Así pasaron varios días hasta que por fin escuchó agua corriente, se llenó de alegría, se le escuchaba gritando

«¡Aleluya, Aleluya!» lleno de entusiasmo; lo primero que hizo fue lanzarse al agua fría, era muy fría, pero como las personas que vivían en Rumania, su cuerpo estaba acostumbrado a temperaturas bajas, aun así salió de inmediato porque escuchó voces; dos hombres venían, portaban armas, iban directo a él cuando un gran aullido los desorientó, los hombres comenzaron a buscar alrededor apuntando su arma, entonces uno de ellos dijo «¡Mira esos ojos rojos, yo mejor me voy!» Soria tenía ventaja, nadó hasta el otro lado del río, recordó las instrucciones de Cezar; en cuanto llegó al otro lado los disparos comenzaron; él corría, escuchó gruñidos a lo lejos; los disparos se calmaron; pensó en Cezar y gritó «¡Gracias!» Antes de desaparecer entre los árboles escuchó un aullido diferente, su corazón latió en una mezcla de agradecimiento y nerviosismo, ya que sabía muy bien lo que estaba pasando. Alguien uniformado y con arma lo tiró al suelo, «¡Soy amigo, necesito ayuda!, ¡no vengo armado!» decía Soria desesperado. Lo esposaron y lo llevaron a una oficina, ahí lo interrogaron, él contó la verdad; le explicaron que había llegado a Yugoslavia y que ellos tenían un programa para refugiados; lo pasaron a una celda, le dieron cosas de aseo personal, comida y ropa limpia. La mañana siguiente lo llevaron a unas oficinas, «Los países demócratas y los neutrales ofrecen asilo político a las víctimas del comunismo», le informaron, Soria sintió alivio y comenzó a llorar; le dieron varias opciones de residencia, entre ellas estaba Estados Unidos de Norteamérica, decidió intentar ahí, los ejecutivos del consulado vinieron, lo entrevistaron y tomaron anotaciones, fotos y testigos sobre dónde fue encontrado; lo llevaron de nuevo a su celda, ahí continuó por una semana sin novedades hasta que alguien vino a hablar con él, dijo que sería su traductor y que tendría una audiencia con las autoridades del país de asilo, abrieron la celda y lo escoltaron a otro edificio, ahí estaban unas personas esperándolo, lo sentaron y le dijeron que lo felicitaban, ya que tenía derecho a ser refugiado y a tramitar el mismo permiso para su familia también, esa noticia lo hizo muy feliz, no paraba de llorar; el traductor lo asesoró para que llenara los documentos, los firmara y dejara todo listo antes de su partida; lo llevaron a tomar un avión, estuvo ahí por horas y horas, llegó a una ciudad llena de personas, todos corrían, se sintió mareado, el traductor le explicó que era la ciudad de Nueva York.

Mientras tanto Anca recibió una carta de un nombre desconocido, ahí le dijo su esposo en breves y no explícitas palabras acerca de un próximo viaje, que vendiera lo que pudiera y estuviera preparada; la familia y el pueblo se volvió en alboroto, ¿cómo Anca se escribía con un hombre de América?, ella siguió ocultando su plan y la identidad de aquel enamorado; otro día llegó un paquete de la embajada de Estados Unidos de Norteamérica en el que la invitaron a la ciudad de Bucarest junto con los niños. Actualmente ellos viven en Pensilvania, sus hijos crecieron y fueron a la universidad; Anca y Soria tienen una pequeña tienda de abarrotes, aman platicar con la gente y vivir en paz.

Los jóvenes van y buscan consejos de esta tierna señora, Anca tiene un alma buena que la convierte en la abuelita del pueblo. Por ejemplo, los jóvenes le presentan a su novia; las futuras madres buscan bendición para su bebé que viene en camino y los jóvenes esposos platican sus problemas; ella con ternura les recomienda amar, perdonar y siempre buscar la paz interior.

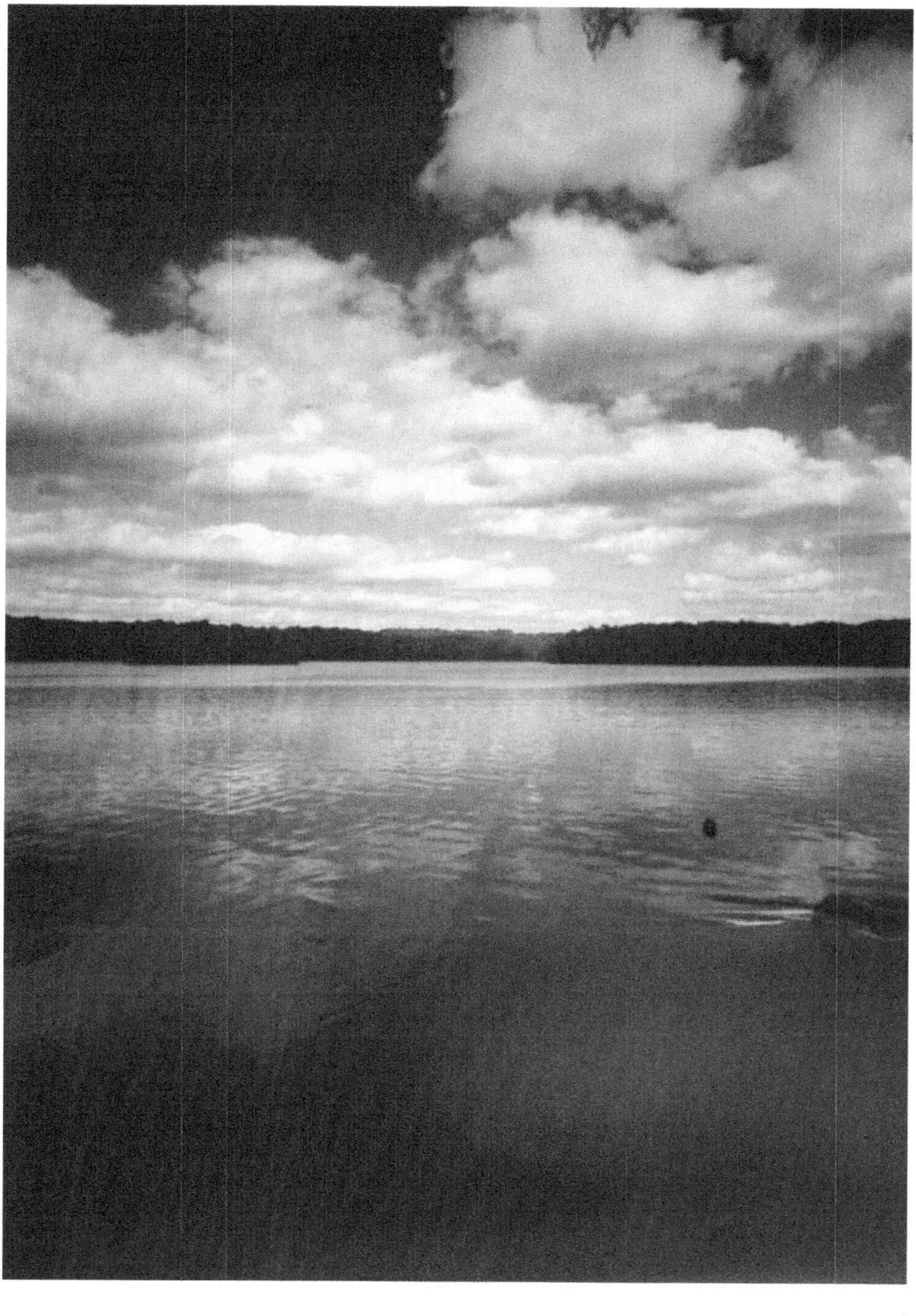

Capítulo 4

La llegada de Lady Liberty

Nací en 1885, un año convulsionado internacionalmente. Viajé en el barco *Isére* desde Francia a Nueva York, donde miles de personas se reunieron para darme la bienvenida. A lo largo de mis 50 días de travesía por el Atlántico escuché numerosas noticias novedosas para mí, no tenía idea de lo cosmopolita que sería mi vida...

Recuerdo haber escuchado sobre el inicio de una huelga general el primero de mayo en Chicago, y días más tarde la lamentable noticia de su fin tras la Revuelta en Haymarket, en la que muchas personas perdieron la vida y algunas otras resultaron heridas. Escuché también sobre desastres naturales: un gran tornado que cobró vidas en España, y un terrible terremoto que causó grandes pérdidas en Nagasaki, Grecia y Charleston. Durante este trayecto me enteré sobre el surgimiento de la empresa *Coca-Cola*, la gente con tos y neumonía para sentir alivio, tomaba su bebida, que contenía hoja de coca, la droga conocida. La gente también platicaba en proa que Inglaterra había invadido Nigeria y Jamaica en sus intentos de hacer más colonias... Yo me sentí aliviada con el fin de la esclavitud en Cuba.

Estoy orgullosa de mi nombre oficial «*La libertad iluminando el mundo*». Soy de cobre, un conductor de energía importante, eso también me parece fantástico, porque hablando de cosas del alma, puedo transmitir buenas vibras, bendiciones y entender todas las emociones que he percibido desde mi llegada a este gran país, ya que soy lo primero que ven los trasatlánticos llegados de Europa. En el pasado fui faro e iluminé la isla Ellis, ya hablaremos de ella, mi inseparable compañera.

Represento libertad y emancipación, no apruebo la opresión. Mis hermanas son Migración y Amor, no podemos existir sin contenernos la una a la otra, es un concepto controversial pero fácil de estudiar.

Este país fue fundado por gente migrante del sur y este de Europa en su mayoría. La independencia de Estados Unidos de Norteamérica de la corona inglesa fue el 4 de Julio de 1776 oficialmente. En mi mano izquierda tengo una tablilla donde está escrita la fecha Julio IV MDCCLXXVI, en números romanos, por eso mi destino está ligado a esta nación; en mi mano derecha sostengo una antorcha que representa la luz que muestra el camino a la libertad.

Llegué al continente Americano para celebrar los 100 años de independencia de los Estados Unidos de Norteamérica. Mi padre, el escultor Frederic Auguste Barthold, me tenía en mente como gran proyecto, pero no para el continente americano, él pensaba ubicarme en el canal Suez en Egipto, por providencia divina esto no se concretó y sus esbozos sirvieron para comenzar mi construcción, y llegar a ser símbolo mundial de la libertad. La base que me sostiene la diseñó Alexandre Gustave Eiffel, sí como lo pensaste, el mismo que diseñó la Torre Eiffel.

Encontrándome lista y empacada para viajar en 214 cajas, esta nación se enfrentó a la falta de presupuesto para pagar mi viaje y colocación, era una etapa difícil de una nación en crecimiento, así que con honor te cuento que el Sr. Joseph Pulitzer, director del periódico «*New York World*», hizo una tarea titánica, —es cómico utilizar este término coloquial porque todavía no se imaginaba nadie que iba a existir un transatlántico llamado *Titanic* (1912)—, así de grande fue la hazaña; se publicó la recolección de donaciones para mi causa y fue todo un éxito, en cinco meses recolectaron 120,000 dólares para mi traslado y colocación, ¡quién se imaginaría el impacto en la historia de este gran acto!

Yo he podido ver cómo un pueblo, una nación completa, se une para ayudar y apoyarse unos a otros; desde aquí puedo ver gente que a través de los años ha donado dinero, comida o trabajo para salir adelante juntos; la solidaridad es un gran valor en mi país de adopción.

Yo fui extranjera, tal vez por eso me identifiqué desde un inicio con mi hermana Migración, soy francesa de nacimiento. En 1800 las mujeres religiosas de Inglaterra creían que los hijos debían ser educados en un ambiente estricto y con gran disciplina, estudiando la biblia, matemáticas, historia, geografía y composición inglesa; tenían mucho cuidado sobre la pureza de su alma, y prohibían libros en francés, por ejemplo a Voltaire, brillante escritor, pues pensaban que los libros de ese país eran impíos, renegados y ateos. Te lo cuento para que entiendas el entorno en el cual se encontraba una dama francesa a finales del siglo XVIII y principios del XIX, en un mundo lleno de prejuicios por el origen, nacionalidad o sexo.

Observo todo este ajetreo a mi alrededor, multitudes llegando a este nuevo mundo, de orígenes y edades diferentes, y percibo fuertes emociones que trae consigo este cambio: ansiedad, soledad y nostalgia. El no lograr encajar con la nueva cultura y con el idioma, son situaciones que llevan a las personas a desarrollar un estrés agudo y bajar su sistema inmunológico; aquí es donde entra el trabajo de mi segunda hermana, Amor, solo así un ser humano evita entrar en shock o enfermar gravemente, con empatía, caridad y esperanza. Es deber de cada uno de los seres humanos alrededor del mundo demostrar amor y compasión al prójimo.

Me siento reconocida cuando una persona se dirige a mí, preguntándome si la entiendo o si va a salir adelante, esa es mi labor con esta antorcha iluminada que irradia esperanza, hacerle saber a cada transeúnte que hay un camino que será iluminado; nuestro gran creador a través de ángeles o mensajes insertos en la naturaleza nos guiará de nuevo y podremos encontrar lo que hemos venido buscando al dejar atrás nuestra patria. No es nada fácil mi función, ya que represento esa nueva vida, los sueños de la humanidad.

De todo he escuchado, pero por años los hombres pensadores debaten porqué algunos llaman América a esta nueva nación, ya que es el nombre de un continente formado por 57 países, que cubren 43 millones de kilómetros cuadrados. George Washington llamó a su país «Los Estados Unidos» o «La unión». Yo, en más de un siglo, siendo testigo de la historia, recuerdo cómo la gente del antiguo mundo (Europa) al divisar mi antorcha a lo lejos decía "¡América!", porque ellos buscaban este nuevo continente, venían con sed de libertad y ganas de proveer mejor alimentación y nivel de vida a su familia.

Era un mundo cambiante cuando llegué aquí en 1886, los países colonizados buscaban libertad; las hambrunas en Europa se agudizaron, a la que apareció en Irlanda en 1845, por ejemplo, se le conoce como «La hambruna de la papa», llegó un hongo que infectó la cosecha, dejando sin comida a la población, porque su alimentación era principalmente de papa (tubérculo originario de América del Sur), murieron cerca de ocho millones de habitantes. Sus pobladores migraban a las ciudades, pero no había suficiente agua ni comida, entonces estallaron las epidemias, como la fiebre tifoidea, el cólera y la disentería, así que por muchos años los habitantes de Irlanda viajaron a este país. Yo soy observadora solamente, aunque tengo trabajo en el área del alma: inspirar, animar, reconfortar.

En Inglaterra, la ciudad de Londres se dividía en dos extremos: el oeste, donde vivía la aristocracia, y el este, que era la mayoría, ahí vivían las masas en extrema pobreza, sin comida, ni trabajo, con menor educación; este extremo crecía en cantidad; en esos callejones ya no podía más vivir la gente, morían de hambre, frío o enfermos. Ellos buscaban oportunidades para inmigrar, yo los recibí con mi antorcha y mis siete rayos, que representan los siete continentes. Por esta puerta dorada del este entran migrantes del viejo mundo, pero por Canadá y México he recibido a personas de otras nacionalidades. Ninguna de ellas es menos o más importante, todas buscan lo mismo «la promesa de una vida mejor».

Algunos sentimientos derivados de los corazones de los seres humanos, como la xenofobia, son incomprensibles para mis hermanas y para mí, en ocasiones reflexionamos sobre ellos con un amigo llamado «Ángel de la Independencia» y platicamos algunas historias que te voy a contar.

Ángel de la Independencia está en la Ciudad de México, él ha escuchado algunas cosas y su percepción es que todo comenzó en 1848 con la idea colonizadora de Estados Unidos de Norteamérica, con la firma del Tratado de Guadalupe Hidalgo, donde México cedió a Estados Unidos los actuales estados de Nuevo México, California, Arizona, parte de Colorado, Nevada, Utah, Texas y Oregon. Fue triste cómo los colonizadores europeos persiguieron a los pobladores mexicanos nativos, los mataron y otros fueron perseguidos hasta el nuevo territorio de México. Además, cuando la primera guerra mundial comenzó, Estados Unidos de Norteamérica necesitó mano de obra, así ha sido desde entonces, los mexicanos han venido a llenar la necesidad de trabajadores a este país creciente. Algunas veces los trabajos que se ofrecen no cumplen con los requisitos de seguridad y pago digno, así que contratan gente inmigrante que necesita el trabajo y no tiene más opciones.

También en el resto del continente americano hay pobreza, por eso vienen a este país; en el último siglo se diversificó la población, ya que recibimos gente de Asia, África y América del Sur. Yo represento luz, oportunidades y democracia para todas las personas inmigrantes de esta nación.

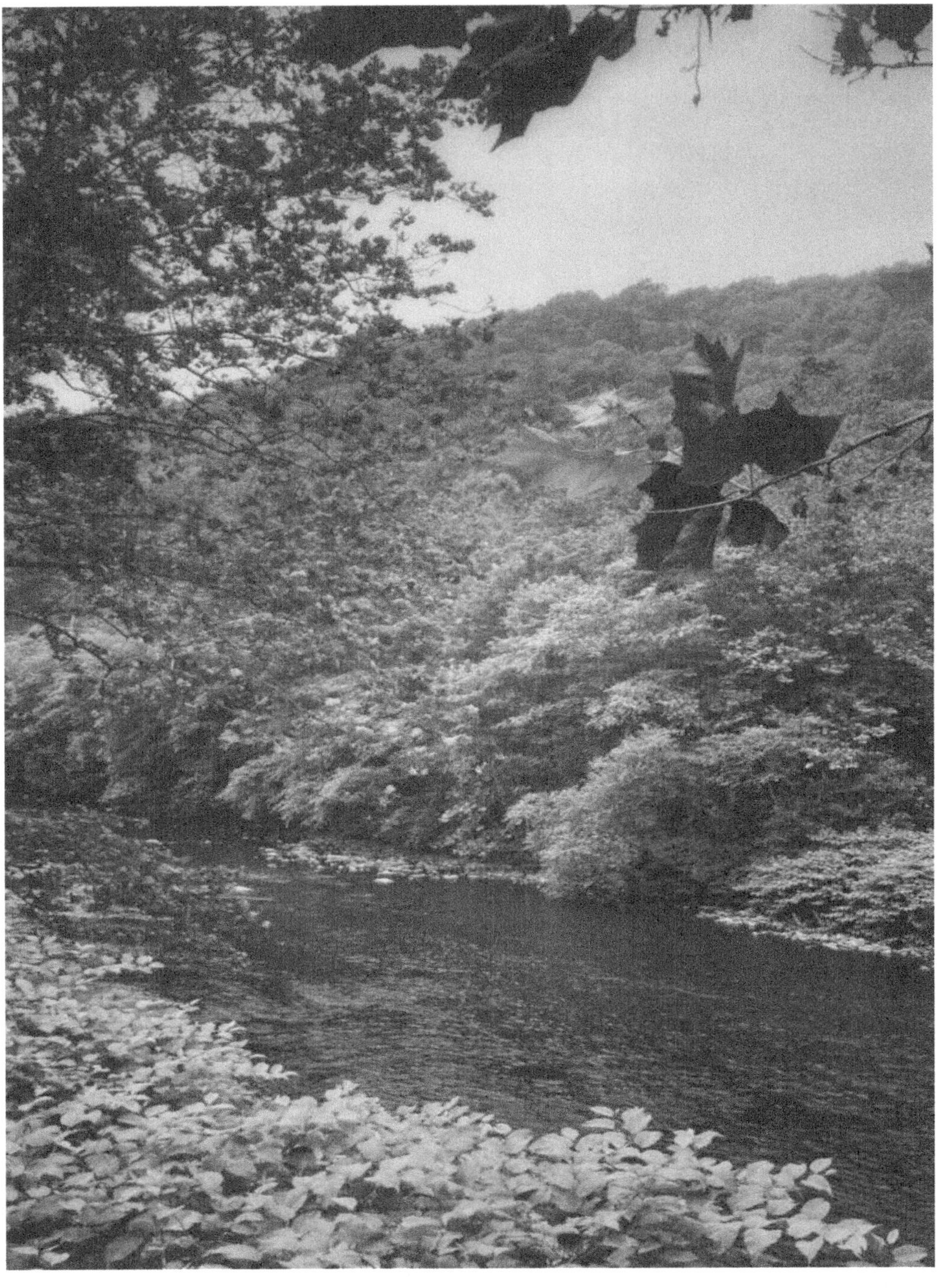

Capítulo 5

El río parece más profundo cuando estás dentro del agua

Todo comenzó cuando yo tenía cuatro años, vivía en un hermoso pueblo llamado San Pedro el Zapote; Javed es mi nombre; vivía en una hacienda llamada el Peregrino, ahí mi abuelo tenía animales, sembradíos, árboles frutales. Algunos primos y yo vivíamos en nuestras pequeñas casas alrededor de la casa grande, ahí había una gran cocina de leña; mi abuela, mamá y las tías preparaban juntas sus comidas; cerca de las cinco de la mañana llevaban maíz al molino, que regresaba convertido en masa. El olor a tortilla recién hecha es inigualable... mientras tanto yo salía de mi cama, corría al patio para encontrar a mi abuelo bajo su árbol favorito, era un árbol de té frondoso, ahí estaba él recitando versículos bíblicos, me abrazaba y me pedía que cortara hojas para el té; yo era muy pequeño, brincaba y brincaba para alcanzar algunas hojas, luego las llevaba a la cocina para que mi abuela las hirviera, al pasar unos minutos ella regresaba con un gran jarro de té más un pan, mi abuelo comía muy poco, contaba con 75 años, así que cortaba él un pedacito y yo comía el pan compartiendo la taza de té.

Yo participaba en todas las faenas, eran días muy ocupados, montaba un burro con mi abuelo y visitábamos la hacienda, revisábamos la cerca, los sembradíos, alimentábamos a los animales. A las doce del día, mi abuela nos buscaba para llevarnos el almuerzo, algunos taquitos de carne con frijoles, papa con chorizo o queso con flor de calabaza... Nuestros labores terminaban a las cinco de la tarde, a esa hora regresábamos a casa a comer y convivir con toda la familia.

Mi mamá me esperaba con mucho amor, ella siempre fue una mujer amorosa, podía verme reflejado en sus hermosos ojos azules; siempre cocinó delicioso; mi abuelo, papá y tíos se ponían muy contentos cuando ella cocinaba.

Yo fui el mayor y único hombre, mis padres tuvieron una hija cada dos años, hasta juntar 7 hermanas; mi padre tomaba mucho, no tengo muchos recuerdos con él, tal vez mi mente quiso borrar esos episodios tan difíciles. Lo que más recuerdo fue cuando nos movimos al pueblo, a un terreno frente a la iglesia, mi padre trajo piedras del cerro y comenzó los cimientos de una nueva casa. En su construcción utilizó los ladrillos, ventanas, y láminas del techo de nuestra antigua casa. Mamá y yo ayudábamos en lo que podíamos, no teníamos la misma fuerza de papá.

Ya cumplía los cinco, veía a los niños corriendo temprano a la escuela, ellos cantaban el himno nacional como primera actividad del día, pasaba la escolta de la bandera con los chicos más aplicados de sexto año; luego con respeto la despedían; algunos niños recitaban algo por las efemérides del día y seguido el director daba la orden de regresar formados a sus aulas. Yo observaba todo desde la reja, soñaba poder estar ahí...

Un día la maestra de primer año vino a preguntarme sobre mi edad, ella me invitó a su clase, fue un sueño, esa noche no dormí, abracé mi libreta y mi lápiz hasta el amanecer, al día siguiente mi primer meta fue alcanzada, así transcurrió una semana increíble, hasta que el director me llamó y dijo que regresara a casa y volviera a la escuela a los seis años cumplidos. Lloré mucho, mi mamá me consoló y me llevó al pueblo más grande para comprar algunos dulces.

Papá iba y venía a la Ciudad de México para trabajar con su hermano mayor, pasaba temporadas largas por allá, le mandaba de vez en cuando dinero a mamá para nosotros. A esa edad comencé a sembrar con mi mamá en el cerro, en un pequeño espacio que nos prestaban para cultivar papa y maíz; era un trabajo muy difícil porque esa tierra no era fértil, estaba llena de piedras y contaba con muy poca agua.

Comencé a trabajar con algunos tíos, algunos me pagaban y otros no, era un niño, no podía reclamar... Así pasaron los meses, regresé a la escuela, pero tuve que salir de ella ya que la familia necesitaba ser alimentada; yo era niño, pero siempre fui la fortaleza de mi madre. Papá emigró a Estados Unidos de Norteamérica con su hermano, había cosas que yo no comprendía y no puedo explicar, pero él se olvidaba de mandar dinero por largos periodos, nosotros no teníamos comida.

Al pasar los meses mamá fue la mujer más valiente, ya que decidió viajar a la frontera con mis tres hermanas y yo, las pequeñas todavía no nacían. Pudimos hospedarnos con unos tíos que yo quiero mucho, ya que recuerdo ese amor con que nos recibieron y aconsejaban. Mamá comenzó a trabajar en una cocina, yo pude trabajar con un burrito para recoger basura de la zona donde vivía mi tío, el dueño del burro me pagaba la mitad de lo ganado. Con mucho sacrificio pagamos entre todos al señor que nos llevó a Estados Unidos. Mamá nos acercó un día muy temprano para que viéramos la frontera y el río que teníamos que cruzar. Tres días después fuimos en la noche los cinco, un señor nos esperaba, infló una pequeña lancha de plástico y todos pasamos el río, de ahí la frase que resuena en mi mente *«El río parece más profundo cuando estás dentro del agua»*, esta frase la he utilizado cuando tengo un problema y busco la solución, me ayuda a recordar que estoy viendo lo profundo porque estoy hasta el tope del problema, pero si salgo de él, me tranquilizo y confío en Dios, veré desde otra perspectiva y no parecerá tan profundo. Todo estaba obscuro, frío, yo tenía miedo, mamá fue la mujer valiente, decidida y amorosa de siempre; admiro mucho cómo ella hizo esa aventura con cuatro niños, si antes de eso nunca habíamos viajado ni a Morelia, que era la ciudad más grande cercana a mi pueblo.

Al salir del río nos estaban esperando en una camioneta cerca de la frontera, nos llevaron a Texas; mi papá trabajaba en un aserradero, nos dejaron en su trabajo, él nos instaló en una pequeña casa, no teníamos comodidades pero estábamos juntos, eso era lo que mamá soñaba. Nuestra situación económica no varió, papá continuó tomando y gastando el dinero en bebida y cigarros; como esa clase de hombres, tenía muchos amigos a los que les invitaba el trago mientras su familia sufría, desde entonces algunas personas dicen que es un gran ser humano y amigo, pero como proveedor tengo mis dudas.

Yo comencé la escuela, fue muy difícil para mí aprender el idioma, llegué de 7 años, casi 8; mi primer palabra en inglés fue nuez, ya que los árboles y el piso que yo veía desde mi ventana en mi salón de clase estaban llenos de ellas; yo no tenía amigos porque no podía comunicarme, así que pasaba mi tiempo libre recogiéndolas. Después de dos años pude hablar inglés y sin darme cuenta me comunicaba fácilmente con maestros y alumnos.

Comencé a trabajar desde entonces, cargando piedras o material para unos edificios que estaban construyendo en la ciudad, yo le llevaba el dinero a mamá, ya más grande pude trabajar por las tardes y noches en restaurantes, para ayudar con el sustento, ya éramos ocho en la familia.

Papá trabajaba en el campo, así que con el presidente Regan pudimos nacionalizarnos toda la familia, yo ahorré el dinero que pedían para los documentos, ya que éramos muchos hijos. Al tiempo cumplí los años necesarios para nacionalizarme, solo llené mis documentos y los envíe, gracias a Dios todo salió bien, y soy ciudadano desde entonces. Trabajé desde los dieciocho años en la Universidad del Estado, ingresé a la Universidad para estudiar mi carrera, obtuve mi título después de diez años porque yo mismo pagaba mis materias y ayudaba con los gastos económicos de casa. Comencé varios negocios en el pueblo, mi vida ha sido buena gracias a Dios, tengo seis hijos, tres de mi sangre y tres que llegaron como bendición a mi vida. Vivo en Pensilvania porque es un estado tranquilo, verde y lleno de agua, me recuerda las montañas y los pequeños pueblos de México. Me gusta platicar con la gente, aquí la mayoría están orgullosos de sus raíces, ellos me platican de sus padres o abuelos que llegaron por primera generación, la mayoría por la isla Ellis, están orgullosos de su cultura, sus comidas y sus tradiciones.

Me gusta viajar a través de caminos sumergidos en la naturaleza y conocer pueblos nuevos, es un hermoso estado; ahora soy jubilado, disfruto de una vida más tranquila y reconozco las grandes bendiciones recibidas durante mi vida.

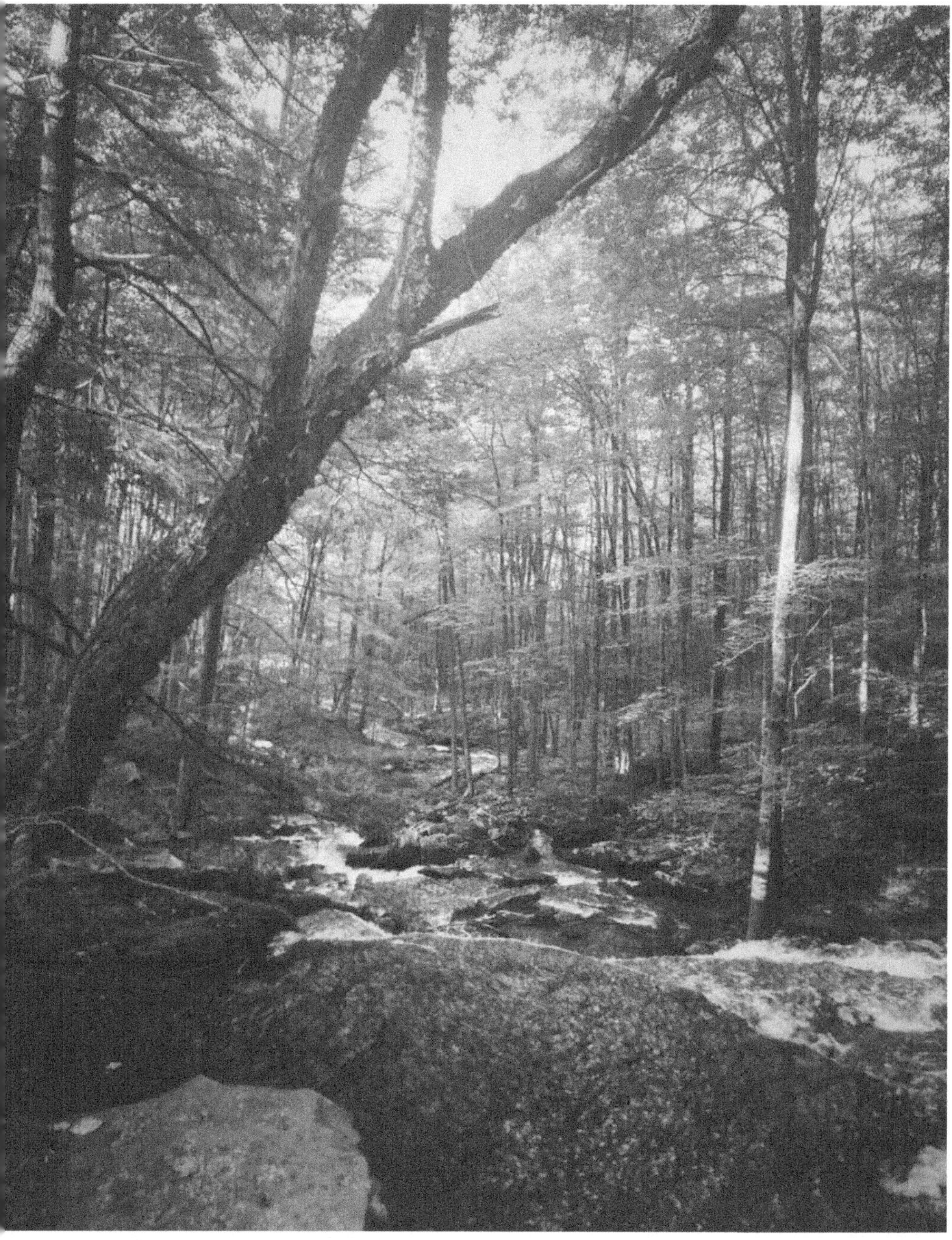

Capítulo 6

Una flor embajadora

Esta historia la quiero contar yo Javed, estoy casado con una artista y además, mujer de gran fe. Ambos conocimos a una mujer igual de extraordinaria en un pueblo de Maryland, nuestro estado vecino, y emprendimos una aventura junto a diez mujeres más, mi esposa les dio clases de baile regional mexicano, y presentamos una danza del estado de Oaxaca, un estado lleno de tradición y cultura, su gastronomía es inigualable y su gente sinigual.

Un día fuimos a cenar a Philadelphia con nuestra amiga, su hija, y mi familia; ahí nos relató esta historia que quiero compartir con permiso de ella, para contarle al mundo sobre la falta de paz e inclusión de ideas y como reflexión.

Ella nació en un pequeño pueblo de Oaxaca, cuenta que era hermoso, vivía con sus abuelos y sus padres; recuerda que por las tardes, después de la escuela, jugaba con sus amigos; algunas veces nadaba en el río o tenía expediciones en el campo. Un día, cerca de las dos de la tarde, tocaron unos jóvenes a su puerta, su abuelo los recibió muy amable, preguntaron cuántos eran en su familia y si asistían a alguna iglesia, su abuelo les ofreció agua y respondió sus preguntas, ellos le informaron que eran de una iglesia nueva cristiana en la capital de Oaxaca, salieron de su propiedad y se alejaron por el camino.

Inmediatamente, recuerda ella, llegaron los señores del pueblo, hablaron muy fuerte con su abuelo, lo golpearon y le recordaron que ellos eran católicos y no podían permitirse otras ideas, en ese momento lo desprendieron de su ropa con el sentido de avergonzarlo y exponerlo, como una lección para los demás; entonces toda la familia fue despedida del pueblo y su gente, no pudieron tomar ni ropa ni cosas personales. Esa ha sido una de las tardes más tristes de su vida, ya que la tranquilidad y paz que ella conocía se derrumbó; como niña no entendía nada, tenía cerca de doce años; llegaron caminando después de muchas horas a la capital, no podían ni comprar alimentos porque les cerraban las puertas, su gente sabía que se les había expulsado de su pueblo y vivían en vergüenza, solo porque su abuelo conversó con esos chicos; ella lloraba.

La iglesia comenzó a escuchar estas historias y seguidamente abrió sus puertas para hacer un albergue. Cada familia se ubicó en un espacio limpio, con camas, cobijas y alimentos, sin embargo, buscaban un empleo en la ciudad y nadie los ayudaba, además su familia hablaba su lengua materna zapoteco, lo que dificultaba la tarea; trató de entrar a la escuela pero enfrentó la misma discriminación; tuvo que encontrar una escuela secundaria afuera de la ciudad, donde eran más amables; aprendiendo el idioma y trabajando en las propiedades de los congregantes de la iglesia, pudieron salir adelante y rentar una casa.

Su vida cambió, todo fue una nueva etapa, diferente y llena del amor de Dios, y del consuelo de Su palabra…. *«Bienaventurados aquellos que han sido perseguidos por causa de la justicia, pues de ellos es el reino de los cielos».* Mateo 5:10. Recuerda con alegría el amor fraternal de una comunidad llena de fe, los coros de la iglesia, sus nuevas amigas y a su tiempo, la etapa del noviazgo, lo vivió con tanta ilusión; se casó; su esposo entonces tuvo la idea de emigrar a los Estados Unidos de Norteamérica, y con gran esfuerzo lo convirtieron en una realidad; se mudaron a un pueblo donde han vivido sus familiares, poco a poco han venido sus hermanos, papás y cuñados, todos pueden vivir cerca ahora.

Su familia ha crecido, ahora tiene dos niñas lindas e inteligentes y un joven deportista, durante esta etapa interesante de su vida ha logrado con un gran esfuerzo terminar sus estudios de preparatoria, es un orgullo porque su primera hija ya está en edad de universidad, estudiando y trabajando con un inglés y español excelente.

¿Por qué digo que es embajadora?, bueno porque esta mujer es trilingüe, habla español, inglés y zapoteco, además ha formado con su familia una congregación, donde le hablan a la gente del amor de Dios, la esperanza que hay en Él y cómo abandonándote a Sus propósitos sales de cualquier problema y vives en plenitud.

Ella ha sido invitada por la embajada de México a hablar, instruir y representar a la mujer mexicana, lo hace con humildad pero con gran orgullo de sus raíces y de ser la mujer preparada que es ahora, ¿puedes imaginar que esto transcurrió en los años 1980?

Esta historia la he querido contar para enseñanza de la humanidad, para que nos respetemos, dialoguemos y siempre busquemos llevar la paz, ya que todos somos humanos, con diferentes creencias, experiencias, así como aprendizajes, y juntos es como podemos evolucionar como humanidad, hombro a hombro sin resaltar las diferencias.

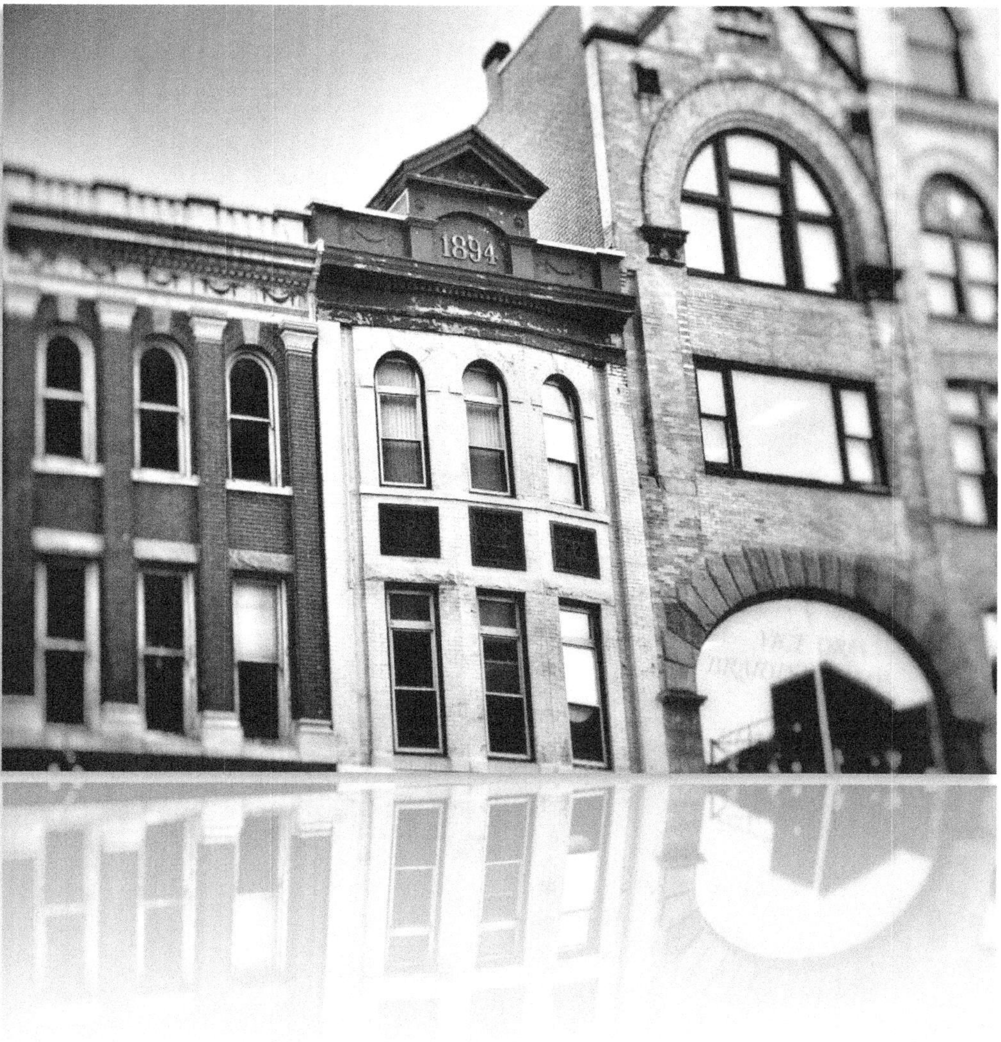
1894

Capítulo 7

María Antonieta

Una linda niña, llena de títulos nobiliarios, nacida en 1774 en Austria. Risueña, juguetona, amaba las aventuras en el jardín, y a disgusto de sus cuidadoras nadaba y corría a voluntad ensuciando sus ropas.

Los castillos donde ella creció tenían hermosos jardines, uno de ellos era en Versalles, el jardín Pequeño Trianón con sus insuperables estructuras francesas neoclásicas; la vista de una de sus enormes fuentes te llena de paz al observarla; el reflejo del cielo, las nubes y la vegetación cercana es lo más impresionante, es como un gran espejo; los techos y las columnas son altas además de imponentes, en cada construcción de la época las escaleras lucían un lugar especial, con movimiento y personalidad.

María Antonieta era coqueta y vivaz desde pequeña, su madre a los 13 años comenzó a educarla para encontrar un esposo, sus clases fueron en artes, modales, religión, hasta que la casaron a los 14 años con el Delfín, así se le conocía al futuro rey de Francia.

En realidad ella siempre fue una niña, nunca se le conoció como una mujer adulta y sabia; era hermosa, sus ojos eran azules, su pelo casi blanco de rubio y su tez blanca como la nieve, todos eran atrapados con su belleza, hasta sus opositores cuando le conocían quedaban encantados. Siempre comió exquisitos manjares, vivió en excesos de moda, zapatos y joyas, en realidad fue la suerte que le tocó vivir, como noble no conocía la vida fuera del palacio y no pudo conocer la realidad de la gente del pueblo, no experimentó el tener que trabajar para alimentarse y mucho menos la pobreza…

Alrededor de esta mujer nació Charles, hijo de uno de los aristócratas cercanos al gran Delfín con una cocinera, algunos decían que el verdadero padre era el rey, pero solo la madre supo la verdad. Charles fue de la misma edad que Luis XVI, el pequeño Delfín, ambos crecían en diferentes circunstancias, ambos eran hermosos, en Charles podías ver elegancia y clase nata, él creció en la cocina con su madre, con algunos privilegios, como zapatos nuevos y elegantes, y una muda completa de ropas dos veces al año, por cambio de temporada; en esa época la gente de la servidumbre utilizaba zapatos rotos, recogidos de la basura, o que les heredaba alguien que había muerto. Sus ojos azules, fuertes brazos y su facilidad a los idiomas era lo que le distinguía.

Cuando la reina María Antonieta llegó al palacio, se mudó con una prima de su edad junto con la consorte de su reino materno; Elizabeth era brillante, inteligente pero menos hermosa, era una chica tímida que no llamaba la atención, tal vez por eso no conocemos historias sobre ella. Su tez era blanca y su cabello negro, sus ojos castaños, delgada con una figura fina y delineada. Un día ella estaba leyendo en uno de los jardines donde las flores para té crecían; Charles fue enviado a recoger precisamente esas flores para el té de la tarde, así fue como la vio por primera vez, ella lo miró y le regaló una hermosa sonrisa, quedó atónito, se sonrojó. «¡Nunca había visto un ángel!» exclamó al contarle a su madre en la cocina.

Un día al año Charles podía cenar con los sirvientes libres, —¿cómo es esto?— te preguntarás, bueno, en esos tiempos había un gran clasismo, y dentro de la servidumbre había niveles: los esclavos, los sirvientes que trabajaban por el pago de una deuda de sus padres o esposos, los que recibían comida y techo como pago, los sirvientes con sueldo (miserables casi siempre), como maestros de música, pintura, matemáticas, modales, también los cocineros principales y algunos hijos de nobles con servidumbre que en ciertas casas tenían privilegios, como el caso de Charles. Esa noche, le preguntaron si había algo que quisiera pedir a la casa, él pidió aprender a leer y escribir, así como aprender alemán. Normalmente no era fácil acceder a los conocimientos para alguien de su clase, pero Dios estaba con él y empezó a recibir una hora de clases a la semana, ahí en una mesa de la cocina.

Mientras tanto Charles se enamoraba más, buscaba pretextos para salir al jardín o para llevar agua o alguna comida dentro de la casa y poder observar a Elizabeth, en verdad su amor fue siempre platónico, ya que ella nunca lo notó.

Charles adelantó mucho en sus conocimientos, tanto que sorprendió un día a un comensal cuando le contestó en un alemán perfecto, desde entonces fue llamado para acompañar a la cacería a los visitantes de la casa, eso implicaba más estatus y algunas propinas, pudo vestir mejor, ya que necesitaba uniforme; comenzó a leer los libros que los invitados dejaban por ahí o por allá abandonados y que nunca reclamaban. Su padre, que para nosotros sigue en el anonimato, le abría más oportunidades, le mandó un maestro de matemáticas y artes de tiro, nadie preguntaba por qué, solo había rumores dentro de la cocina y demás sirvientes envidiosos de su suerte.

Nuestro joven podía ver más de cerca a su amada, aunque él sin ninguna mirada, era invisible para ella. Una mañana lluviosa, estando cerca de la puerta, la vio correr a la casa, inmediatamente tomó una sombrilla y corrió a recibirla, ella dijo gracias amablemente, pero no lo vio a la cara, nada especial.

La vida para Charles era más fácil, podía comprarle algunos jabones perfumados a su madre, guantes y esos detalles que a ella la hacían feliz; un día un mozo de caballos lo vio hablando en idiomas con la gente, su coraje fue tal que lo golpeó y dejó inconsciente, alguien de la casa grande llegó con el doctor pero desde entonces no volvieron a dormir con los sirvientes ni él ni su madre,. Los acomodaron en una pequeña villa al fondo del huerto, antes había sido bodega, pero ahora era su hogar, era como un sueño, como si alguien hubiera sembrado todas esas flores para su madre.

Charles comenzó a hablar italiano y un poco de inglés, era tan hábil para los idiomas, así como para los negocios, era el orgullo de su padre, que permaneció en secreto; lo convirtieron en acompañante de los nobles, con sueldo y caballo propio.

Mientras tanto la vida de Elizabeth transcurría sin cambios, él podía observarla desde más cerca, pero ella siempre se mostraba tímida y absorta en sus lecturas. Era diferente a todas, ya que no concurría a las grandes fiestas de la reina, ni andaba en lujosas reuniones, solo se le podía ver cuando salía a disfrutar los fuegos artificiales que se decía que eran traídos de China, por su uso de pólvora.

La vida en Francia era difícil, la gente del pueblo moría de hambre, no había forma de calentar los hogares, ni agua potable para todos; los niños morían enfermos o de hambre; la gente adulta moría a consecuencia de las largas horas de trabajo y los miserables sueldos; en el palacio había extravagancias, fiestas, ópera, obras de teatro.

Aunque Charles no salía del palacio, gracias a sus contactos y pláticas con verdaderos hombres de negocios, podía visualizar oportunidades de venta de víveres, armas, uniformes y animales, la verdad no hacía nada para su propio provecho siempre fue para los nobles de casa, algunos le daban propinas y él las guardaba.

Un día todo se puso horrible, la gente se acumuló en las puertas del palacio con fuego, palos y armas caseras, gritando que tenían hambre; todo comenzó a ser un caos, los guardias los agredían y la gente se enfurecía más. Hubo un escándalo sobre un collar muy costoso que la reina mandó pedir del extranjero, eso ofendió más al pueblo, con ese dinero se podía alimentar a Francia entera por un mes; los rumores dicen que solo fue una trampa para la reina, ya que los revolucionarios necesitaban más odio sobre la corona. A partir de ese acontecimiento, llamaban a la reina con apodos horribles, había más enfrentamientos con los guardias del palacio, los aliados abandonaron a los reyes de Francia y arrestaron al rey.

Todo fue un caos, llegaron personas armadas de algún grupo organizado de revolucionarios, así como mucha gente del pueblo, todos enloquecidos, llenos de odio, quemando y rompiendo todo lo que estaba en su camino.

Charles corrió, buscó a Elizabeth en el castillo; dentro de sus habitaciones, estaba ella llorando, muerta del miedo, él la tomó en sus brazos y la cargó al hombro como comúnmente decimos, cual costal de papas; la llevó junto con su madre; Elizabeth no hablaba, solo lloraba. Charles tomó todo sus ahorros y corrió por la puerta trasera del huerto, llegó hasta el bosque junto con las dos mujeres. Caminaron toda la noche, rodeando ruidos y luces, se escuchaba un horror, gritos, piedras y estallidos de municiones. Comenzó a clarear el cielo, pudieron ver de cerca el mar, Charles se puso muy contento, se acercó a un barco y preguntó a dónde se dirigían, el marinero lo vio con ropa distinguida y le llamó al capitán, Charles preguntó que destino llevaban, el capitán contestó «América», preguntó quién era él y las mujeres, entonces Charles con miedo respondió «es mi esposa y su dama de compañía, nos acabamos de casar y buscamos una nueva aventura»; las mujeres no dijeron nada, todos sabían que cuando se derrocaba a un rey toda la familia real tenía que morir para que no hubiera alguien que reclamara la corona.

Esa noche comenzaron una aventura juntos, la madre de Charles siempre cuidando y abrazando a Elizabeth como a una niña asustada. Charles tenía 38 años y ella 37; su madre, que contaba con 58 años, era una mujer sencilla, dulce y paciente, de ropas humildes; llevaba la edad con mucha gracia, sus cabellos canos, sus facciones finas y alargadas, y lo que más llamaba la atención era su sonrisa, que siempre la hacía lucir radiante, sin embargo, pasó desapercibida como acompañante de Elizabeth. Charles utilizó sus modales, idiomas y el apellido de su madre para no levantar sospechas. Viajaron por dos semanas, los contratiempos del clima fueron cruciales, no tenían ni idea a dónde iban; la vida de aquellas tres personas era aislada, solo vivían dentro del castillo, en la cocina una, los jardines otra y Charles solo salía cuando acompañaba a los señores a la cacería en los bosques cercanos. Durante estas semanas Elizabeth y él pudieron platicar un poco; ella pudo conocer su dulce corazón, y sentía un profundo agradecimiento hacia él por haberla sacado del castillo.

Al llegar al puerto, fueron tratados con cierta distinción, tomaron un carruaje que los llevó al hotel del lugar, cuando llegaron claro que fueron tomados como esposos, así que les dieron una habitación lujosa con un catre para la acompañante de la dama, Charles firmó y notó el excesivo costo del hotel, haciendo cuentas, decidió pagar solo tres días. Durante su estancia ahí, pudo ver a un vendedor de terrenos, bueno, no existía como tal dicha profesión, pero en el restaurante del hotel todo se podía negociar, había oportunidad de comprar y vender toda clase de objetos y posesiones. Este hombre le habló a Charles de un estado naciente, Pensilvania, donde la gente hablaba Alemán y era bastante próspero; Charles inmediatamente se interesó, era un estado de nueva creación, lleno de fábricas y gente inversionista, así que regresó muy emocionado a contar su dinero y a preguntar a Elizabeth si podían vender sus joyas, ella accedió y juntaron una buena cantidad de dinero con la que adquirirían un lugar lleno de árboles y flores con una pequeña casita en aquel lugar.

Corría el mes de enero, viajaron hasta Filadelfia por el río; fue un viaje divino, las aguas eran limpias, el clima era frío, pero muy parecido a Francia; a la orilla se apreciaban hermosos bosques.

Al llegar al puerto el vendedor ya había hecho los arreglos para continuar su viaje por carreta, les dio la dirección de su nueva propiedad y les dijo que se instalaran, él llegaría en una hora, después de ver lo del papeleo. A Charles le costaba hablar inglés, él tenía dominio del alemán, italiano y su idioma natal francés. Llegaron a una gran plaza, el chofer les dijo que se bajaran ahí, Charles le mostró la dirección, y este le indicó avanzar una cuadra más y dar vuelta a la derecha. Ellos no veían los árboles ni las flores, pero creían que al girar la esquina las encontrarían, siguieron los números por la calle Walnut y hallaron el lugar: Una pequeña casa, con puerta color blanco y paredes de ladrillo rojo, tenía aparadores de cristal en la fachada; entraron con las llaves que les entregaron, había un salón para negocio, una cocina y un pequeño jardín exterior, al fondo de este un cuartito de madera como letrina; a la derecha otro con una tina; en la planta alta contaba con tres pequeños cuartos y un closet al centro. Todos se decepcionaron, gastaron casi todo su dinero y no había flores, no tenían ningún hermoso jardín, solo había unos cuantos muebles; se comenzaron a instalar, en verdad fue fácil, no tenían pertenencias, solo un cambio de ropa que compararon en el camino; el vendedor nunca llegó. Charles no sabía nada de él y no sabía cómo buscarlo, horas después salió a presentarse con los vecinos, para su sorpresa hablaban alemán, un alemán raro para él ya que era una combinación con el inglés, el nombre de su lengua era *Dutch*. El vecino Aidan le preguntó sobre el hombre que le vendió la casa, Charles lo describió como alto, robusto y lleno de astucia ya que lo había engañado. Aidan sonrío, «No te preocupes, es el nieto del anterior dueño, es un vividor, en esta casa había un negocio de zapatos, vas a poder encontrar cosas en el sótano, ahí era el pequeño taller; cuando murió Cían su hijo remató todo el calzado, vendió las joyas y los muebles, por fortuna él sí te podía vender, ese no es engaño, él era el último heredero», le explicó.

Charles regresó a su nueva casa, les contó todo a Elizabeth y Margot, bajaron juntos al sótano, ahí encontraron muchos materiales, rollos de telas, adornos, listones ... cuando la madre observó todo lloro de emoción, «Es una oración contestada» dijo. Cuando ella era niña su padre confeccionaba zapatos para la familia real, pero un día llegó una epidemia, cayeron todos muertos después de un ataque de tos, así fue como Margot llegó al castillo, ya que días después de la muerte de sus padres un noble vino a buscar su calzado, él la encontró llorando y sola, le dijo a su criado que la llevara consigo, que algo harían con ella, y la enviaron a la cocina como muestra de caridad, aunque ella mantuvo siempre su libertad.

Margot comenzó a ver lo que ahí había, martillos, clavos, navajas, todo lo necesario para trabajar. Su hijo le pidió que le enseñara, pasaron toda la noche con una vela como luz tratando de confeccionar algo, "¡lo logramos, lo logramos!" decían alegres los tres; Charles nunca había visto tan sonriente a Elizabeth.

Unas horas después fueron a buscar comida, gracias a Dios tenían un poco de dinero todavía, al llegar al mercado la gente les preguntaba «¿quiénes son ustedes?, ¿son nuevos?», Charles muy contento aprovechó para presentarse y decir «Soy Charles el zapatero, y esta es mi familia». Todos asumían que eran un matrimonio y la madre; Elizabeth asentía con la cabeza y sonreía.

Al regreso a casa, ella le dijo a Charles, «Ya has regado este rumor y no me has ni pedido permiso», entonces él salió preocupado con la cara roja de vergüenza, regresó con un ramo de flores y un anillo de la casa de empeño, se hincó y le dijo «Su majestad, he estado enamorado de usted por cerca de veinte años, ¿aceptaría ser mi esposa?, sería un honor». Ella lo levantó y le dijo «He estado enamorada de usted por cerca de un mes, es el hombre más bondadoso y cariñoso que he conocido, sería un honor ser su esposa». Los tres se abrazaron con mucha alegría, entonces él la tomó de su mano, dijo «Ven, vamos a buscar al sacerdote, vi una iglesia cerca», la madre los siguió emocionada, afortunadamente y en esas

'Diosidencias', estaba el sacerdote ahí, él les preguntó en francés a qué habían ido con tanta urgencia, le explicaron que tuvieron que salir de Francia y no pudieron celebrar su boda allá, pero que necesitaban ser casados para no vivir en pecado, el sacerdote les dijo «Está muy bien, tienen un testigo, dejen llamarle a mi asistente». Todo lo preparó en el momento, era la misa de mediodía, de la divina providencia, así que en una pequeña celebración con dos testigos y diez personas de la ciudad se llevó acabo esa boda.

Los siguientes meses fueron bendecidos, llegaban personas para arreglos de calzado, algunos para confección, ellos seguían trabajando y felices, hasta que llegó el mes de agosto trayendo una epidemia de fiebre amarilla, según el registro oficial murieron cerca de 5,000 personas, pero en realidad fueron cerca de 12,000 en una ciudad de 30,000 habitantes registrados.

Hubo hambruna y nadie salía a comprar ni vender nada, fueron tiempos difíciles, todo perdió sentido, ahí murió mi tatarabuela Margot; mi bisabuelo Charles enfermó gravemente; no había comida, afortunadamente ellos habían comprado jamones, salchichas y harina para almacenar; el clima era caliente, había moscas y un aroma a muerto por todos los lugares, fue algo horrible; quemaban los cuerpos en la plaza, había robos y gente desesperada.

Para noviembre milagrosamente llegó la primera nevada, la hediondez y las plagas se fueron, los sobrevivientes lucían muy delgados y tristes por las pérdidas, pero poco a poco fueron reponiéndose.

Para navidad mi bisabuela le anunció a su esposo la llegada futura de mi abuela, así fue como regresó la alegría a la pequeña familia pese a la ausencia de Margot. Charles continuó con el taller y para el mes de septiembre nació la pequeña niña.

Yo soy comerciante también, mi madre tiene 96 años, para su cumpleaños 90 pude comprarle el escudo real de oro de la casa de Hamburgo, me costó una fortuna, ella se llenó de alegría ya que me ha contado estas historias con mucho orgullo, nuestra vida ha sido sencilla y el saber que sangre noble corre por nuestro cuerpo es un secreto que disfrutamos mucho.

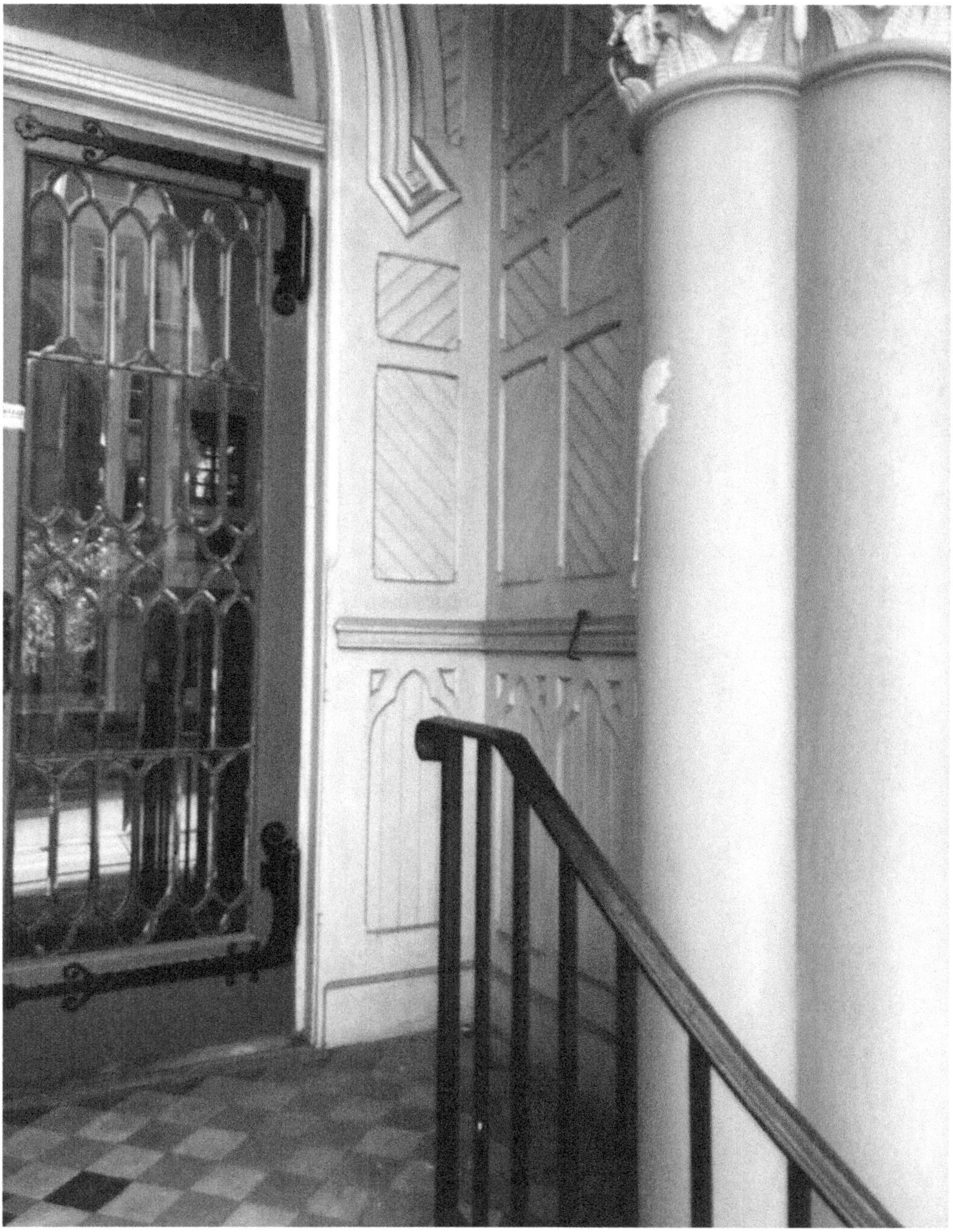

Capítulo 8

La musa Francesca

El arte en Italia está plasmado en las rocas de los edificios griegos y romanos, nadie puede dejar de ver sus musas finamente grabadas, sus cuerpos esculturales en pequeñas telas transparentes asombrosamente labradas en mármol blanco, o las pinturas dentro de las capillas, las finas obras de pintura realista dentro de un marco de oro, y sin olvidar compositores clásicos de música, maestros de ópera y los grandes dramas en obras teatrales.

En el ambiente político de la época, aparece Mussolini con ideas frescas y libres de tonos racistas; en verdad este personaje amaba el arte, de hecho se dice que durante su vida pudieron notarse sus dones artísticos dramaturgos así como de manipulación.

Aquí en este mágico espacio lleno de vida artística conocemos a Francesca, una mujer realmente sensual y talentosa, que para la época era un error, ya que la mujer debía ser recatada, sin llamar la atención, auspiciada por un macho talentoso que la protegiera. Francesca fue criada por una familia italiana en Florencia; sus padres eran comerciantes judíos que desaparecieron de la vida de su hija durante un viaje de negocios en barco, del cual jamás regresaron.

Nuestra chica destacó siempre en la escuela, con una gran capacidad para las matemáticas, cálculo y música. Podía interpretar el violín en una forma asombrosa; era trigueña y hermosa, de ojos verdes y con una nariz aguileña que la caracterizó siempre; su madre adoptiva Arianna tenía una tienda de modas en la calle principal de la ciudad, ahí llegaban telas exquisitas, de colores y texturas únicas, la primera en vestirlas era Francesca; la costurera de la tienda confeccionaba delicados vestidos para ella, los prefería de telas vaporosas, suaves y con caídas naturales.

Podías encontrarla en los jardines tocando violín, era una diosa, siempre perfecta, talle alto y elegante; yo pasaba por ahí todas las tardes después de la escuela, si el clima era cálido ella estaba afuera, si estábamos en invierno permanecía en su solar, una especie de terraza rodeada de cristales con vista a las fuentes del jardín.

Su papá adoptivo, Luis Ángel, fue el director de la mejor escuela de música de la ciudad, cada año se presentaban en el teatro Niccolini con una muestra de las mejores obras de Bach, Mozart, Pachelbel y Vivaldi; de entre todos los integrantes, Francesca destacaba por su habilidad, hermosura y elegancia. Recuerdo una noche de agosto del año 1923, fue especial, ella contaba con 17 años de edad, después de su actuación recibió flores, felicitaciones y muchos halagos. Yo la observaba desde la última fila.

Mi aspecto era simpático decía mi prima María Elena, yo estudiaba medicina, era delgado, callado y siempre despeinado. Acudía a mi último año dentro de las aulas en la escuela de Florencia, todos los días al mediodía corría apresuradamente por el centro de la ciudad para pararme frente a la casa de Francesca y deleitarme con su música, con solo verla mi día se iluminaba, «Mi musa», decía suspirando.

Mi preparación llegó al término, tuve que dejar mi pequeño cuarto en el centro de la ciudad, ya que mis prácticas comenzaban en los pueblos; me asignaron a una pequeña población en las playas de Monterroso, era un lugar cautivador, con aguas claras y azules; su población se formaba por pescadores y sembradores, gente sencilla, alegre y sana. Mi mayor trabajo ahí consistía en tratar dolores de huesos, pequeñas alergias, revisión de mujeres embarazadas, niños con gripa ... La verdad que nada de complicaciones, la gente me llevaba papas, gallinas, huevos o flores como regalo.

Habían pasado tres semanas fuera de Florencia, me parecían muy largas, mi vecino Don Enzo me dijo muy temprano «Doctor, voy a ir a la ciudad para traer mercancía para mi tienda, ¿quiere ir?» Yo respondí rapidísimo «¡Sí!». Mi vecino era un señor regordete, simpático y honesto, gracias a su afán por ser caballeroso y amable, la gente lo apreciaba mucho; las señoras solían contarle sus tristes historias sobre hijos en la guerra o nueras holgazanas, una vez a la semana cocinaban tartas o pasteles que regalaban a su fiel escucha, yo pienso que ellas eran las culpables de su sobrepeso. A la par, los señores venían por la tarde a jugar ajedrez con Don Enzo, era el tiempo perfecto entre jugada y jugada para que se despacharan los clientes de la tienda, casi todo el pueblo lo llamaba padrino, se le conocía además por ser espléndido en las fiestas, regalaba el pastel, la comida y tocaba melodías tradicionales junto con sus vecinos, ya que tocaban instrumentos de cuerdas los sábados por las tardes.

La gran industria Ford estaba en apogeo; muy pocas personas podían tener automóvil en esa época, era una novedad, y al mismo tiempo un lujo que pocos deseaban tener, por considerarse un invento peligroso y caro. Llegamos a la ciudad y salí corriendo del auto para pararme frente a aquella casa, mi corazón palpitaba rápidamente, para mi sorpresa alguien abrió la puerta, ¡era ella, mi Francesca!... salió tímidamente, mi corazón se salía de tan fuerte que palpitaba, mi cara estaba roja y con ardor, en ese momento me dijo tímidamente «Te he extrañado, temí que algo te hubiera pasado». —Sonreí—, «Soy Ángelo". «Lo sé» me dijo. —Me sorprendí—. Ella dijo «Cada mañana te observaba cerca del mediodía, antes del almuerzo, así que mandé a mi nana para que te siguiera, confieso que...»

«¡Francesca! ¡Francesca!» salió llamándole una linda señora con insistencia; Francesca volteó su cara rápidamente y asustada corrió hacia la puerta, todo fue inesperado y atropellado, así que yo no supe si sentir alegría o temor. Caminé como volando en las nubes, hasta que Don Enzo me encontró, y llamándome «¡Ángelo, Ángelo!, ¡despierta!» me volvió a la realidad.

Yo sabía la teoría sobre el enamoramiento y las etapas llenas de dopamina así como su efecto de euforia, pero no lo había experimentado, «es sublime, real, placentero», pensé.

Seguí viajando cada dos semanas, era un deber, una manda, el hacer guardia frente a esa casa, una propiedad enorme, llena de columnas de mármol, sus colores neutros y elegantes; desde la acera podía apreciar el arte interior junto a las grandes ventanas; había esculturales figuras humanas, simulando una delicada danza, alumbradas con enormes candelabros dorados. Durante las últimas semanas permanecí varias horas, ahí en mi lugar, no podía verla ni escucharla, me llenaba de inmensa tristeza, era el efecto del amor, la subida y la bajada como si de droga se tratara.

No sé cuántos meses pasaron, hasta que un día se abrió la puerta de su casa misteriosamente y despacio, entonces una mano delgada y blanca con guantes amarillos me hizo una señal para acercarme.

Me aproximé temeroso, la mano me jaló al interior de la casa y se cerró la puerta inmediatamente, me encontré a Francesca junto a su madre Arianna, estaban llorando y parecía que llevaban así un mes, ya que a pesar de ser hermosas lucían tristes, demacradas y como si no tuvieran más lágrimas; yo me asusté y les dije «¿Puedo pasar?», aunque claro, Arianna me había jalado al interior; entonces de mi maletín saqué mis instrumentos médicos y comencé una inspección minuciosa, ellas accedían a mis peticiones «Siéntese, párese, estire un brazo, préstame la mano, voy a revisar su garganta y sus ojos», no sé cuánto tiempo pasó, estuve nervioso y con sensación de sobresalto, entre la emoción de tenerla cerca, tocarla, y la angustia al no ver sonriendo a mi pequeña musa. Mi diagnóstico fue, falta de sol, optimismo y algunas vitaminas, nada grave; ellas no hablaron nada, hasta que la madre rompió el silencio, «Necesitamos su ayuda señor», inmediatamente tomó mi mano, y me invitó a sentar, ellas quedaron frente a mí, en un sillón victoriano de estampado alegre, con pequeñas flores en tonos pasteles; Arianna suspiró, comenzó a contarme, «Mussolini se ha unido a Alemania, ha comenzado una guerra», —yo suspiré también, moviendo mi cabeza en desaprobación—, «Los alemanes han pedido que se les entreguen a los descendientes de judíos para llevarlos a un campo de concentración, estamos angustiados; mi esposo y yo hemos prohibido a Francesca salir, no puede ni asomarse a la ventana, hemos temido por su vida desde esos horribles rumores». Yo pregunté «¿Cuál es su idea?, ¿en qué puedo ayudar? ¡cuenten conmigo!». En ese momento Francesca comenzó el llanto, su madre prosiguió «No podemos confiar en nadie», entonces llamó al chofer y le pidió que buscara a su esposo. La nana llegó con un plato de frutas y le pidió a las mujeres que comieran algo, que ahora que había esperanza trataran de alimentarse, yo asentí con mi cabeza y comencé a tomar un té que me llevaron. Yo, con solo ver a Francesca, tan delicada y dulce, no sentía el paso del tiempo, respiré y pregunté «¿Cómo saben que pueden confiar en mí?» Apenada la Señora respondió «Te hemos investigado, hasta sabemos lo que desayunas y que vas a la iglesia los domingos», —yo sonreí nervioso—, durante la plática traté de ver los ojos verdes de Francesca, pero ella tímidamente miraba al piso, nuevamente pregunté «¿Por qué he sido investigado?» Miré a la madre intrigado, ella sonrió y dijo «¿Qué hubiera hecho usted si alguien observara a su hija?, le hemos encontrado en todos los eventos de nuestra escuela y además vemos a esta muchacha dedicarle conciertos personales. ¿A caso, usted pensó que no lo notaríamos?» En ese momento Francesca solo murmuró, «Mamá, para».

Llegó Filipo, todos nos paramos para recibirlo, llegó preocupado y acelerado, «Siéntense y hablemos», dijo directo, «Mire doctor Ángelo, creemos que usted tiene buenas intenciones con nuestra hija, lo hemos observado por tres años, conocemos mucho de usted, así que directamente le queremos pedir su ayuda». Yo asentí con la cabeza y él continuó, «Italia había sido neutral, nos sentíamos orgullosos de nuestros hermanos los judíos, pero ahora los alemanes toman a todos para transportarlos a unos campos de concentración terroríficos, aquí en la ciudad hemos tenido lugares donde los protegíamos, pero ahora no nos ha sido permitido, solo se salvan los que huyen y se pierden en el anonimato». Pregunté «¿Qué podemos hacer?» El señor contestó «¿Podrías tú buscarle a Francesca un lugar donde pueda vivir tranquila?, sabemos que vives en una provincia suficientemente alejada, tranquila y sin militares». Sin dudarlo respondí «Solo le pido unos días, necesito buscar una familia de confianza y respetable, donde ella pueda vivir feliz y sin peligro», la señora Arianna aceptó y acordamos vernos en tres días temprano por la mañana para tomar el té, en un encuentro que pareciera casual.

Me fui a casa pensando en cada palabra, repasé mis respuestas, traté de visualizar a Francesca en cada instante, busqué leer sus movimientos; me encontré un poco ansioso; la verdad siempre había deseado tenerla cerca, pero en ese momento no sabía qué hacer, mi mente quería decir «¡No!, no quiero tener una responsabilidad así y me agobia que ella no me ame nunca».

Como siempre, hice lo que debía hacer, hablé con mis contactos, terminé los trámites que debía, mandé algunos telegramas y listo; llegamos el viernes siguiente a la cafetería del hotel St. Regis Florence; mi pequeña musa llegó con un vestido en azul cielo, era una tela delgada con pequeñas flores blancas bordadas; su pelo trenzado suavemente, su figura era inigualable, esbelta pero de curvas muy definidas, las miradas la rodeaban; su bolso, guantes y zapatos eran de un color blanco hielo perfecto. Arianna, siempre elegante, vestía de azul marino, sofisticada pero atrevida al utilizar rojo en sus accesorios; Don Filipo, cual maestro y caballero, siempre vestía de traje y sombrero negro, camisa blanca y bigote cuidadosamente cortado y estilizado. Nos asombramos al encontrarnos, fingiendo una gran casualidad, le dije «Maestro Filipo, sería un honor que compartiera la mesa conmigo, soy su admirador», inmediatamente él accedió y le pidió a su esposa e hija que le acompañaran.

Nos sentamos en una mesa en la terraza, alejados de los murmullos y oídos; degustamos té, panecillos y mantequilla, conversábamos de temas superficiales y de cortesía, hasta que le dije «Maestro, con respeto, quiero contarle sobre mis planes», —él accedió con un movimiento de cabeza—«Estuve buscando un lugar seguro y una familia discreta, pero no encontré a nadie, temo sobre los espías secretos, hasta niños son de ellos». La madre suspiró con desespero, «Corrí el rumor por todo el pueblo que vienen a vivir conmigo mis dos primas, María Elena y Francesca, les comenté a todos que mi madre estaba tan preocupada por mi alimentación y soledad, que tuvo que mandarlas para sentirse tranquila, ahora todo el pueblo las espera, se ha organizado una fiesta para su recepción; esta tarde llega en tren mi prima María Elena y espero puedan acompañarme a la estación, así además ustedes nos despiden a los tres»—continué hablando—, Francesca inmediatamente me vio con grandes ojos, y yo les expliqué «Rente una casa con tres recámaras, mi habitación estará en la primera planta y mis primas dormirán en la segunda planta, no se preocupen, hay una señora que las acompañará, les ayudará en la cocina y limpieza» Arianna estaba casi llorando, pero su esposo le suplicó que no llamara la atención, ella dijo «No te preocupes, nosotros mandaremos para los gastos, agradecemos tu ayuda y pedimos tu respeto hacia nuestra hija, que se quedará bajo tu cuidado», —yo agradecí con mi mirada—, «Solo quiero pedirles que recuerden que desde hoy su apellido será Parisini, como mi prima María Elena y yo».

Llegamos a casa por la noche, cada uno serio y meditabundo, pero nos acomodamos en nuestros cuartos, les presenté a la señora

Altagracia, ella vivía en la casa de un lado, tenía llave y permiso para entrar a casa sin restricciones. Mi prima María Elena y Francesca pudieron llevarse muy bien, platicaban y compartían tiempo. Yo fui muy feliz, regresaba de mi consultorio y las encontraba riendo y me contagiaban de felicidad, veía más hermosa y feliz a Francesca, pero yo me limitaba, ninguna mirada o frase podía revelar el secreto que había entre nosotros, que ella no era mi prima y yo la amaba.

María Elena tenía un don artístico, pintaba con tanto talento que en unos meses la gente le pedía retratos de sus familiares; Francesca tocaba hermosas melodías todas las noches, y yo les cantaba y bailábamos a la luz de las velas. Así continuó nuestra verdadera amistad, cada día nuestros lazos se unían más, teníamos temas interminables para hablar y ellas se volvían verdaderas hermanas.

Francesca y yo.... Nadie podía saber nuestro secreto, mi musa, mi amada, se volvía cada día mi mejor amiga; disfrutábamos de caminar por las playas azules y calmadas, recogíamos flores por los verdes prados; los tres disfrutábamos salir de compras y traer pescado fresco y frutos del pueblo. Pero como todos los hermosos cuentos tiene fin, así fue esta historia. Para ese entonces Francesca enseñaba música a tres grupos de niños, empezaba con los más pequeños con un piano que teníamos en casa, y los más avanzados al violín. María Elena también enseñaba, armó un taller de pintura en el sótano, tenía grupos de niños, jóvenes y personas mayores. A pesar de la situación, ellas florecieron, se volvieron mujeres emprendedoras, realizadas y llenas de ocupaciones, hasta estaban organizando una feria de arte en el pueblo.

Hubo un hombre que escuchó tocar a Francesca, y decidió sentarse a escuchar sus clases, al término de ellas le dijo «Tú eres hija de Filipo», ella palideció contestando «Se cierra la sesión, tengo que preparar la cena. Hasta mañana». Esa noche regresé a casa, ella estaba en una esquina temblando como una niña pequeña, me dijo, «Tengo miedo, no quiero ir al campo de concentración». Yo la abracé y fui a mi cama, no podía dormir, decidí caminar hacia el mar; en ese recorrido encontré una embarcación, ellos dijeron «Vamos a América». Pregunté por el capitán, hice los arreglos, él me dijo, «Tiene una hora, el barco se irá con o sin usted». Corrí, las desperté, les pedí que llevaran un cambio de ropa, papeles personales y algo para cubrirse del frío, no entendían nada pero por respeto lo hicieron, corrimos hacia el mar, llegamos quince minutos antes, subieron las anclas, y comenzó nuestra travesía. Nosotros no sufrimos, gracias a mis ahorros pude pagar un boleto de primera, con alimentos y un lugar cercano para lavarnos y hacer nuestras necesidades.

Por sorpresa alguien me llamó una mañana, había un niño enfermo, tomé mi maletín, y desde ese día tuve consultas de 12 a 16 horas por día; favorablemente traje algunas medicinas conmigo, así también el barco tenía otras cuantas con las que pudimos atender a los pasajeros; afortunadamente solo duró dos semanas el viaje.

Llegamos una mañana a territorio americano, lo primero que vimos fue la Estatua de la Libertad, algunos lloraban por la esperanza que ella envuelve, otros daban gracias a Dios con cánticos o recitando salmos, nosotros nos abrazamos y reíamos. La pesadilla comenzó en la isla, tuvimos que esperar dos días para poder bajar del barco, nuestra alegría ahora era nerviosismo, angustia y ansiedad… Bajamos en grupos familiares, para ese tiempo nos esperaron unas enfermeras que nos pedían que dejáramos nuestro equipaje, ellas lo acomodaban por apellidos; después nos pasaron a un salón, separados mujeres de hombres; nos bañaron desnudos con un desinfectante; nos hicieron exámenes generales, algunos dolorosos; niños y mujeres lloraban, los hombres nos sentíamos humillados; pasamos a un lugar donde nos hicieron exámenes mentales y de escritura, muchos de ellos no tenían conocimientos sobre letras o matemáticas, algunos sufrían mucho. De repente nos separaron, algunos llegamos a un largo pasillo, con una carta de aceptación y buscábamos desesperados a nuestra familia, yo encontré a las chicas, pero se escuchaban gritos, porque algunas familias fueron separadas, hijos solos, esposas deportadas, había desesperación e incertidumbre.

Nos asignaron unas pequeñas camas, nadie podía dormir; a la mañana siguiente, a las siete, abrieron las puertas, nos entregaban una fruta y un pastelito, seguido de eso hicimos nuevamente fila, fuimos saliendo al aire libre y alguien nos decía, «¡Bienvenidos!» Era noviembre de 1930.

La verdad fue bastante difícil este nuevo hogar, no sabíamos el idioma, no teníamos familia aquí, todos los que veníamos del barco nos juntamos al salir, unos invitaban a los otros a unirse a su destino, nosotros decidimos irnos con el grupo más grande, tomamos tren, después carreta y llegamos a un lugar llamado Hazenton, Pensilvania, ellos decían que era lo más parecido al clima de Italia, además de que varios paisanos vivían ahí; la primer noche dormimos en el piso de una sala, no conocíamos a nadie.

Poco a poco fuimos conociendo el lugar, al pasar el tiempo rentamos una casa, yo tenía mi consultorio en la sala; mi prima María Elena tenía su cama y su taller en el sótano; nosotros dormíamos en la habitación principal porque, como adivinaste, nos casamos. A la semana de haber llegado de Italia fuimos a la iglesia, el padre nos preguntó nuestra situación, y aunque siempre la respeté, yo la amaba, entonces el padre y las señoras de la comunidad armaron una boda, hasta vestido blanco consiguieron, en las dos horas siguientes, ¡ya estábamos casados!

Yo tengo 101 años ahora, no recuerdo muchos detalles, pero nuestra vida fue buena, feliz, llena de hijos y nietos.

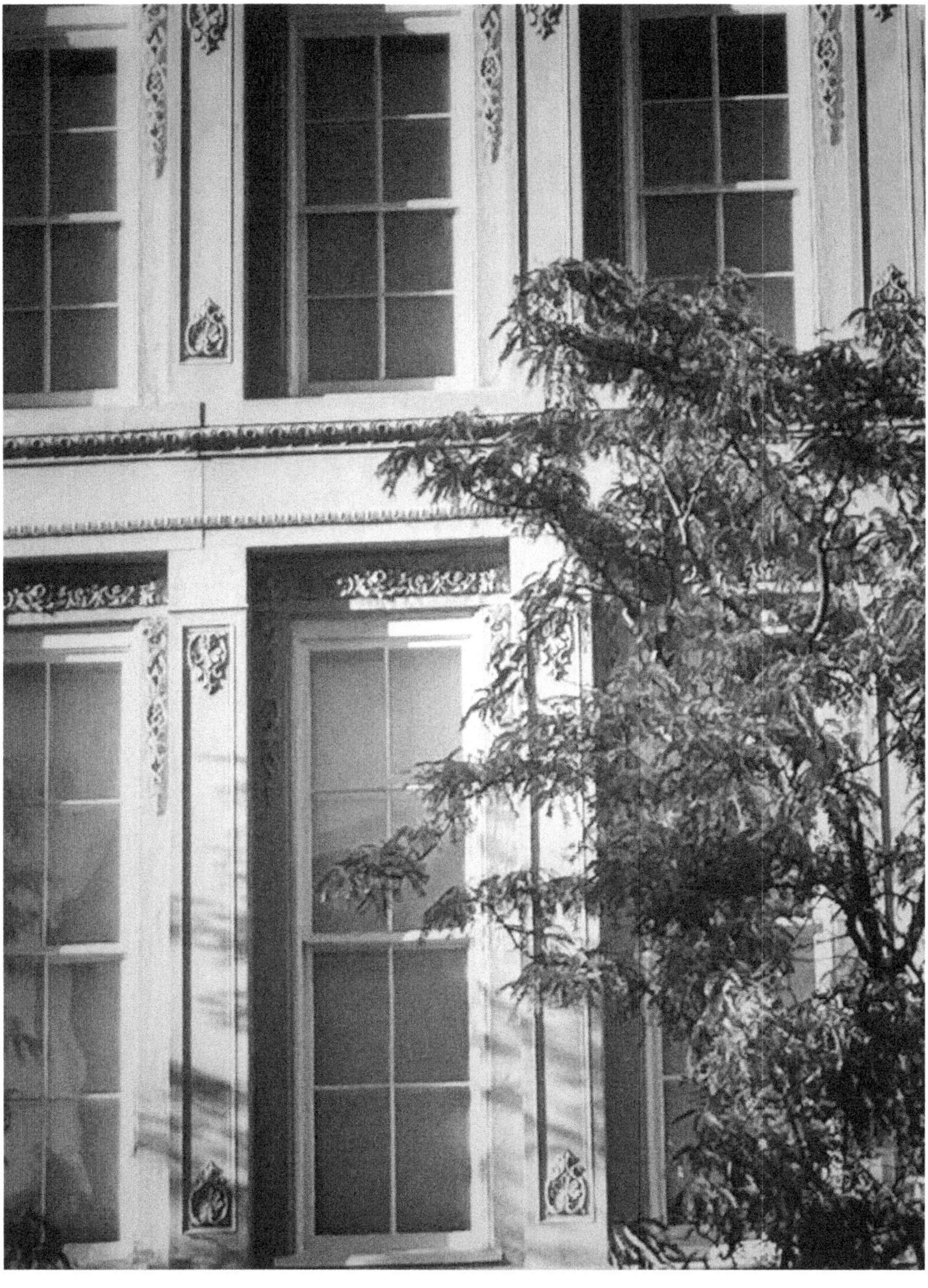

Capítulo 9

Ellis Island

Yo soy una hermosa isla citada en el río de Hudson, estoy en el sur de Manhattan, tengo un vista insuperable; a través del tiempo he sido lugar de vacaciones, espacio para pescar, cantina, bodega de municiones y arsenal, pero por lo que más se me conoce es porque aquí se estableció uno de los primeros centros de migración en la historia de Estados Unidos de Norteamérica. Llegaban a mí muchas personas huyendo de sus países, de la extrema pobreza, persecución política y religiosa. Todas las historias que puedes encontrar sucedieron por la esperanza de una vida mejor. La mayoría de personas venían del norte y este de Europa, Alemania, Irlanda, Gran Bretaña, países Escandinavos, Italia, Polonia, Hungría, Grecia y Turquía, entre otros.

Desde 1892 hasta 1954 fui testigo de la travesía de 12 millones de personas; me gustaría contar las historias bonitas y de esperanza, también aquellas de amor y nacimientos nuevos en mi tierra, pero no todo fue lindo, mis recuerdos me persiguen, si no fuera por la amistad de Lady Liberty, todo sería gris y triste.

Ahora esta zona está iluminada, reconstruida y llena de turistas alegres que vienen a conocernos, es tan diferente que no imaginarían aquellas terribles experiencias vividas.

Viene a mi memoria el tiempo en el que los indígenas nativos venían con canoas a pescar, nadar y pasábamos lindos días, pude conocer generaciones y generaciones de familias. Era increíble la gran cantidad de gaviotas que venían a comer y vivir en mi vegetación, tenía tantas ostras que la gente pasaba horas comiendo y platicando.

Podría contar muchas historias que ocurrieron durante el tiempo en el que me convirtieron en un bar, algunas divertidas, otras sobre desamores y por supuesto varias peleas. Pude conocer la dualidad del corazón humano, lleno de amor pero también de odio.

Mi tarea como estación de proceso de migración comenzó con la niña Anne Moore, Irlandesa, recibió una piedra de oro y una moneda de $10.00 dólares, venía junto con sus dos hermanos, también menores de edad, ellos llegaron solos para reunirse con sus padres que habían emigrado tres años antes a causa de la pobreza.

Presencié terroríficas y dolorosas historias; si caminas por los hospitales, aunque han sido renovados, todavía puedes sentir tristeza, olor rancio y escuchar los quejidos.

Ustedes como seres humanos son libres, iguales, tienen alma y un espíritu, son seres llenos de amor; me indigna que se ataquen unos a otros, ¿por qué se ven con desprecio si todos sufren por igual, por qué no tienen compasión por los hijos de sus hermanos?, algunos son bajitos, otros altos, gorditos, flacos, morenos, trigueños, sus idiomas son diferentes, pero al final todos son vulnerables, huyen de las injusticias, femicidios, hambre y pobreza…

Muchos me llamaron la isla de las lágrimas o de la ruptura, ya que en mi territorio ocurrieron separaciones de familias; gente murió esperando o enfermó en el barco; niños perdieron a sus padres; hubo errores y horrores, me entristece la falta de empatía y amor entre ustedes los humanos ante tales dificultades.

Sufrieron muchas personas, en especial aquellos que no podían leer, los homosexuales, pobres y enfermos, yo hubiera querido abrazarlos a todos, darles un lugar aquí en mi tierra, pero no me era permitido, existían reglas, esas reglas que hacen los poderosos…

Por mis puertas doradas solo pasaba gente de la antigua Europa, tenían prohibido pasar a gente de Asia y nunca se imaginaron que vendría gente de América del Sur, porque sus conocimientos geográficos eran limitados; en 1790 la primera Ley de migración fue: «Todos los hombres blancos que han vivido en EUA pueden ser ciudadanos americanos». Recuerda que el 4 de Julio de 1776 nos independizamos de Inglaterra, así que poco a poco se han ido borrando las ideas racistas o discriminantes de la época.

Te sorprendería la gran lista de personas con nombres, apellidos, origen y fechas que puedes encontrar aquí; me siento feliz y afortunada cuando alguien localiza a su familiar, su origen e historia, y puede valorar quién es, cuáles son sus raíces y cuán afortunado es al descender de personas valientes y atrevidas. Pienso que más de la mitad de los actuales habitantes de Estados Unidos de Norteamérica son originarios de una heroína o héroe que cruzó por mis doradas puertas.

Made in the USA
Middletown, DE
24 November 2023